ALBERT CAMUS

# MUTLU ÖLÜM

*La mort heureuse*, Albert Camus


1. basım: 1991
13. basım: Temmuz 2014, İstanbul
Bu kitabın 13. baskısı 2000 adet yapılmıştır.

Kapak tasarımı: Ayşe Çelem Design
Kapak resmi: © iStockphoto.com / Nour El Refai

Kapak baskı: Azra Matbaası
Litros Yolu 2. Matbaacılar Sitesi D Blok 3. Kat No: 3-2
Topkapı-Zeytinburnu, İstanbul
Sertifika No: 27857

İç baskı ve cilt: Ayhan Matbaası
Mahmutbey Mah. Devekaldırımı Cad. Gelincik Sokak No: 6 Kat: 3 Güven İş Merkezi, Bağcılar, İstanbul
Sertifika No: 22749

ISBN 978-975-510-370-9

CAN SANAT YAYINLARI
YAPIM VE DAĞITIM TİCARET VE SANAYİ LTD. ŞTİ.
Hayriye Caddesi No: 2, 34430 Galatasaray, İstanbul
Telefon: (0212) 252 56 75 / 252 59 88 / 252 59 89 Faks: (0212) 252 72 33
www.canyayinlari.com
yayinevi@canyayinlari.com
Sertifika No: 10758

ALBERT CAMUS

# MUTLU ÖLÜM

ROMAN

1957 NOBEL EDEBİYAT ÖDÜLÜ

Fransızca aslından çeviren

Ramis Dara

CAN

Albert Camus'nün Can Yayınları'ndaki diğer kitapları:

*Yabancı*, 1982

*Tersi ve Yüzü*, 1992

*Yolculuk Günlükleri*, 1993

*İlk Adam*, 1994

*Yaz*, 1994

*Başkaldıran İnsan*, 1995

*Düğün - Bir Alman Dosta Mektuplar*, 1995

*Sürgün ve Krallık*, 1996

*Sisifos Söyleni*, 1997

*Düşüş*, 1997

*Veba*, 1997

ALBERT CAMUS, 1913 yılında Cezayir'de dünyaya geldi. Cezayir Üniversitesi'nde sürdürdüğü felsefe öğrenimini sağlık nedenleriyle yarıda bıraktı. 1938'de Paris'e gitti, ilk yapıtları *Tersi ve Yüzü* ve *Düğün* bu dönemde yayımlandı. Edebiyat dünyasına asıl girişini, 1942'de yayımlanan *Yabancı* adlı romanı ve *Sisifos Söyleni* başlıklı felsefi denemesi belirledi. Birbirini tamamlayan bu iki yapıtta, varoluşçu izler taşıyan "saçma" felsefesini geliştirdi. *Başkaldıran İnsan, Yaz, Sürgün ve Krallık* isimli eserleriyle hem edebiyat hem de düşünce alanlarında yetkinliğini kanıtladı. *Mutlu Ölüm* ve *İlk Adam* adlı romanları ölümünden sonra yayımlandı. 1957'de Nobel Edebiyat Ödülü'ne değer görülen ve bugün XX. yüzyıl edebiyat ve düşünce dünyasının en önemli adlarından biri kabul edilen Albert Camus, 1960 yılında bir araba kazasında yaşamını yitirdi.

RAMİS DARA, 1953'te Manisa'da doğdu. Atatürk Üniversitesi Fransız Dili ve Edebiyatı Bölümü'nü bitirdi, Uludağ Üniversitesi'nde yüksek lisans yaptı. 1977-81 yıllarında Fransızca öğretmenliği, 1981-85 yılları arasında radyo metin yazarlığı yaptı. 1986-2000 yılları arasında Uludağ Üniversitesi Eğitim Fakültesi'nde öğretim görevlisi olarak çalıştı. 1993-99 yılları arasında Yeni Biçem dergisini çıkardı, 2000'den bu yana Akatalpa dergisini çıkarıyor. *İç Sızıları* (1985), *Şiir Çünkü Şiir* (1988), *Edebiyatçı Aydın Değildir* (1998) ve *Kırık Amfora* (1999) başlıklı deneme-eleştiri kitaplarıyla çeşitli alanlarda başka bazı kitapları da bulunan Dara, Camus'nün *Düğün, Yaz, Mutlu Ölüm* ve *Yolculuk Günlükleri*'ni çevirdi.

# İçindekiler

# *Mutlu Ölüm*'ün oluşumu

Bu önsözde, yazarın yaşamöyküsü üzerinde durulmuyor. Bu konuda bilinmesi gerekenlerin başlıcaları, Roger Quilliot' nun, *Pléiade* dizisinde yayımlanan çalışmasında yer alıyor. *Mutlu Ölüm*, Camus'nün Belcourt'da çocukluğunun geçtiği yoksul mahallenin, deniz taşımacılığı şirketi memurluğunun, 1936 yazında Orta Avrupa'ya yaptığı yolculuğun, 1936 ve 1937'de İtalya'daki gezilerinin, sanatoryumda kaldığı günlerin, Fichu'nün evinde ya da Kasım 1936'da yerleştiği Yukarı Cezayir'de "Dünyanın Karşısındaki Ev"deki yaşamının anılarından yararlanır. Bu yapıtta, yazarın aşk yaşamıyla ilgili kimi bölümler de vardır: Simon Hié'yle iki yıllık evliliği ve fırtınalı bir açıklamayla Salzburg'da sona eren ilişkileri, romana bağlam değişimiyle katılır. Kimliğini saptamanın kolay olmadığı bir başka kadın kahraman, burada önemli rol oynar. Derinlikli bir incelemenin belki bir gün yanıtını bulacağı kimi soru işaretleri ortada durmaktadır: Lucienne kimdi? Roland Zagreus? Doktor Bernard? vb. Burada, bir yazınsal oluşum taslağı yapmak yerine, romanla yaşam arasında kılı kırk yaran bir uygunluk aramaya kalkmak, daha az yararlı görünüyor.

*Defterler*'de sonradan *Mutlu Ölüm*'e dönüşecek metinle ilgili ilk açıklama, bir plan dolayısıyla yapılır. Bu plana göre, "2. kısım" Orta Avrupa yolculuğundan sonra gelecektir. *Mutlu Ölüm*'e ilişkin son taslaklar ise 1938 tarihini taşır. Ocak 1939'da hâlâ Mersault adı vardır, ama artık Camus'yü yalnızca *Yabancı* ilgilendirmektedir. Demek ki *Mutlu Ölüm*, 1936 ile 1938 arasında tasarlandı ve oluşturuldu. İlk biçimiyle *Tersi ve*

*Yüzü*'ndeki denemelerle, son değişiklikleriyle de *Düğün*'deki denemelerle yaşıttır. *Yabancı*, *Caligula*'nın ilk yazılışından sonra gelir.

Bu romanın hazırlanış biçimine ilişkin yetkin bir düşünceye ulaşmak için, öncelikle onun son değişik biçimine başvurabiliriz. *Mutlu Ölüm*, her biri beş bölümden oluşan iki kısma ayrılır: "Doğal Ölüm" ve "Bilinçli Ölüm". Ama birinci kısım, daktiloyla yazılmış 140 sayfanın yalnızca 49 sayfasını, üçte birden biraz fazlasını kapsar.

"Doğal Ölüm"ün düğümü, Roland Zagreus'un öldürülüşüdür. Romanın kahramanı Mersault onu ilk bölümde öldürür, parasına el koyar ve evine dönerken üşütür. Sonraki bölümler bir geriye dönüştür: Mersault'nun olağan yaşamı (2. böl.), Marthe'la ilişkileri ve cinsel kıskançlığı (3. böl.), Zagreus'la uzun söyleşisi (4. böl.), sonunda da, fıçıcı Cardona'yla yaptığı ve yoksulluk öyküsünün anlatıldığı bir görüşme (5. böl.). Özetlemek için olay akışını şöyle toparlayabiliriz: Orta halli basit bir memur olan roman kahramanı Patrice Mersault, kendisinden daha kötü bir yaşam süren bir fıçıcıyla komşudur; ilk aşkını Roland Zagreus adında sakat bir adamla yaşamış bir kızın sevgilisi olan Patrice Mersault, bu kız sayesinde Zagreus'la tanışır, bir sohbet sırasında adamın nasıl zenginleştiğini öğrenir ve öğrendiği bu sırdan yararlanarak sakat adamı öldürür, bunun üzerine bozuk bir sağlık, ama dolu bir keseyle yolculuğa çıkar.

"Bilinçli Ölüm"ün beş bölümü, Mersault'nun Prag'da kalışını (1. böl.), yolculuğunun süreğini ve Cenova üzerinden Cezayir kentine geri dönüşünü (2. böl.), "Dünyanın Karşısındaki Ev"de geçen yaşamını (3. böl.), Chenoua'ya gidip deniz kıyısında bir eve yerleşmesini (4. böl.), sonunda da, satlıcana yakalanarak ölümünü (5. böl.) sergiler. Olay akışını şöyle toparlayabiliriz: Mersault, Prag'da mutluluğun kendisinden uzaklaştığını hisseder; güneşe yönelerek mutluluğu yeniden bulur. Cezayir kentine dönüşünde, art arda iki mutlu yaşam deneyimine girişir: önce "Dünyanın Karşısındaki Ev"de üç kız arkadaşıyla ortaklaşmacı yaşam deneyimi, sonra Lucienne'in ya da üç kız arkadaşının ziyaretleriyle biraz hafifleyen, çileci bir yalnızlık içinde geçen Chenoua'daki yaşam deneyimi. Mersault mutluluğu ele geçirmiştir ve Zagreus'u anımsayarak, mutluluğunu ölümüne değin korur.

Romanın bu hızlı akışı, ana izleği gözler önüne serer: Nasıl mutlu ölünür? Yani bizzat ölümün bile mutlu olacağı ölçüde mutlu nasıl yaşanır? İyi yaşama ve iyi ölmenin birinci kısmı, para, zaman ve duygusal egemenlik olmadığı için, tersi'dir; ikincisiyse, parasal bağımsızlık, zamanı istediğin gibi düzenleme ve kalbin dinginliği sayesinde yüzü'dür. Özet olarak son değişmesiyle *Mutlu Ölüm*'ün içerik ve anlamı budur.

İki kısımlı bölümleme daha sonra yapılmıştır. 1938'e kadarki bütün plan taslakları, istisnasız, üç kısımlıdır, oynamalar yalnızca bölümlerin dağıtımıyla ilgilidir. Öyleyse, son planda ortaya çıkan bakışımsızlığa (91 sayfaya karşı 49 sayfa!) şaşmamak gerek. "Yeniden Bölümleme" başlıklı bir tasarının tanıklık ettiği gibi, üçlü bölümleme daha dengeliydi: Her kısmın sayfa sayısı yaklaşık aynı olacaktı.

Son plan, belirgin bir karşıtlığı sergiler. Bu durum ilk taslaklarda söz konusu değildir. Bununla birlikte, karşıtlık ve karşıtlıkların art arda gelişi, Camus'nün felsefesinin bir esnekliği olduğu kadar, burada ilk ağızda yapıtın estetik esnekliği gibi de görünür. Bir notta şu "altı öykü"yü anlatmak istediğini belirtir Camus:

"Parlak oyunun öyküsü. Lüks.
Yoksul mahallenin öyküsü. Annenin ölümü.
'Dünyanın Karşısındaki Ev'in öyküsü.
Cinsel kıskançlığın öyküsü.
Ölüm mahkûmunun öyküsü.
Güneşe doğru inişin öyküsü."

Yaptığı sıralamayla art arda geliş kaygısını, Camus'nün kendisi ortaya koyar. Altı öykü, ikişer ikişer birbirine bağlanabilir. Ama Ağustos 1937 de içinde olmak üzere, o tarihe değin Camus, kutupsallık karşıtlığını, bir zaman karşıtlığıyla iki katına çıkarmak ister: Kimi bölümler şimdiki, kimileri geçmiş zamanla yazılacaktır. Hatta, "ikinci kısmın" ayrıntılı bir planını yaparak, girişik, titiz bir süslemeyle zamanları birbirinin ardına getirmeye de çalışır. İçsel bir gerekliliğe dayanmayan bu biçimcilikten daha sonra vazgeçecektir. Ancak son metinde bu girişimden geriye bir iz kalır: Katıksız ve sürekli bir mutluluğun çağrıştırıldığı "Dünyanın Karşısındaki Ev"e ayrılan bölüm, başlangıç tasarısındaki gibi, şimdiki zamanla yazılmış olarak durur.

Sözü edilen altı öykü, romanda yavaş yavaş oluşup biçimlenenlerin temel gerecini oluşturur. Onlardan, onların biçimsel değişikliklerinden ve düzenlenişlerinden yola çıkışla, romanın oluşumu yeniden çizilebilir.

İlk planlar, cinsel kıskançlık öyküsüyle birlikte "ikinci kısım"da yer alan, "Dünyanın Karşısındaki Ev" öyküsüne ağırlık tanırlar. İşte, *Defterler*'de okunan ilk plan:

"II. kısım:

A. Şimdiki zaman.

B. Geçmiş zaman.

Böl. A1. Dünyanın Karşısındaki Ev. Sunuş.

Böl. B1. Mersault anımsıyordu. Lucienne'le ilişki.

Böl. A2. Dünyanın Karşısındaki Ev. Gençliği.

Böl. B2. Lucienne sadakatsizliklerini anlatır.

Böl. A3. Dünyanın Karşısındaki Ev. Çağrı.

Böl. B3. Cinsel kıskançlık. Salzburg. Prag.

Böl. A4. Dünyanın Karşısındaki Ev. Güneş.

Böl. B4. Kaçış (Mektup). Cezayir kenti. Üşütüş, hastalanış.

Böl. A5. Yıldızların karşısındaki gece. Catherine."

İlk kısım, Ağustos 1937'den sonraki bir planda görüldüğü gibi, parıltılı oyun, yoksul mahalle ikilisine ayrılır o sırada: *Sisifos Söyleni*, daha sonra, bu parıltılı oyun denen şeyi Don Juancılık, komedya, fetih üçlemi içinde gösterecektir; bu oyun "yoksul mahalle"deki yaşamın değişkenliklerinin tersidir. Bu durumda, aynı 1937 Ağustos ayındaki bir tasarının gösterdiği ikili uyuşmazlık ortaya çıkar:

"1. kısım. O zamana kadarki yaşamı.

2. kısım. Oyun.

3. kısım. Uzlaşmalardan vazgeçiş ve doğadaki gerçeklik."

"O zamana kadarki yaşam", yoksulluğu, sekiz saatlik iş gününü, toplumsal ilişkilerdeki şiirsizliği ve denebilirse doğallıktan kopmuş bir varlık biçimini dile getirir alttan alta. *Defterler*'de hakkında fazla şey söylenmeyen "oyun", bir tür züppeliği, yoksul yaşamda yayılmayı, kendinden hoşnutluktaki taşkınlığı, ama yine de doğallıktan kopmuşluğu belirtiyor olmalı. Bu uyuşmazlık, *Mutlu Ölüm*'ün son yazımında önemsizleşir, söyleşiler içinde yoğunluğunu yitirir ve Mersault'nun yükselişiyle özetlenir. Buna karşılık, yalnızlığa ve doğaya bir kaçış eylemiyle doğallığın ele geçirilişi, ilk taslaklardan başlayarak tümünde yer almakta ve romanın sonuyla amacının hazırlandığı son ana dek kalmaktadır.

Ama *Mutlu Ölüm*, ilk taslaklarda, kahramanın ölümüyle sona erer görünmüyor: "Ölümün ve güneşin tadı" ifadesi okunuyor bir planda, bu yalnızca bir tattır. Bir başka planda ölüme meydan okunuyor(?), ama birinci kısmın sonunda şunlar yer alıyor: "Son bölüm: Güneşe ve ölüme doğru iniş (intihar-doğal ölüm)." Dikkate değer bir nokta: Ölümle güneş birbiriyle ilişkili. Güneş, bu yoğun imge, mutluluğun, ruhsal söylen'in yerine geçecek ve kararlı bir adım, kesin bir düşünceye doğru yol almış olacak. Bu adım Ağustos 1937'den ve şu nottan başlatılabilir: "Roman: Yaşamak için zengin olmak gerektiğini kavrayan, kendini bütünüyle para elde etmeye adayan adam, bunu başarır, mutluluk içinde yaşar ve ölür." *Defterler*'de ilk kez *Mutlu Ölüm*'ün gerçek bir özetiyle karşılaşılır ve yine burada ilk kez "roman" sözcüğüne rastlanır.

Romanın akışı bellidir bundan böyle: "Parayla saadet olmaz" atasözünün ters çevrilmiş bir açıklaması. Parayla mutluluk, ana izlek olur, 17 Kasım 1937 tarihli notun başında açıklıkla görüldüğü gibi:

"17 Kasım.

Mutluluk isteği.

3. kısım. Mutluluğun gerçekleştirilişi."

Ama bu sırada, yalnızca "sakat" olarak anılan Zagreus'un kişiliği ortaya çıkar, Mersault'yu parayla zaman arasındaki ilişkiler konusunda aydınlatır ve onun, bir başka özlü sözün gerçekliğini görmesini sağlar: Vakit nakittir, bunun ters biçimi de doğrudur: Zagreus'un yaşama sanatının temel maddesini oluşturacak olan söz, nakit vakittir. 17 Kasım tarihli notun son paragrafı buna tanıklık eder:

"'Şanslı' doğmuş bir adam için mutlu olmak, vazgeçme isteğiyle değil de, tersine, mutluluk isteğiyle, herkesin ortak yazgısını değerlendirmektir. Mutlu olmak için zaman gerekir, bol zaman. Mutluluk da uzun bir sabırdır. Ve zaman, bizden zamanı çalan para gereksinimi demektir. Zaman satın alınır. Her şey satın alınır. Zengin olmak, hak edildiğinde, mutlu olmak için zamana sahip olmaktır."

Bunun üzerine romanın çeşitli gereçleri, yitik zaman kazanılmış zaman ikiliğine göre kümelenir. Yitik zaman; yoksulluğun, işin, şiirsiz yaşamın zamanı olacaktır: Mersault'nun yaşamına ayrılan bölüm, "Zamanı Öldürmek" başlığını taşıyacak, bu başlık onun Marthe'la ilişkisine ve Orta Avrupa yolculuğuna da uygun düşecektir; Zagreus'un öldürülüşü, yitik zamanın bu yoksulluk dolu olaylar zincirine son verecektir. Kazanılmış zaman, "Dünyanın Karşısındaki Ev"in ve doğaya kaçışın zamanı olacaktır. Bu yüzden, bir kâğıda elyazısı ile yazılmış üç kısımlı bir tasarıda, ilk bölüm, her seferinde olduğu gibi, zamana ayrılmıştır. Birinci kısım, "Zamanı Öldürmek"ten başlayarak; Mersault'un Prag dönüşüne kadar uzanan Cezayir'deki serüvenlerini içeren yedi bölümü kapsar (son yazımında 1. ile 75. sayfalar arası): "1. kısım. 'Zamanı Öldürmek'ten 'kendisini mutluluk için doğmuş hissediyordu'ya kadar," diye yazar Camus. Bu son tümce, yaklaşık bu biçimiyle son yazımın 75. sayfasında bulunur: "...sonunda mutluluk için yaratılmış olduğunu anladı."

İkinci kısmın ilk bölümü "Zamanı Kazanmak" –"Dünyanın Karşısındaki Ev" söz konusudur burada– ve üçüncü kısmın ilk bölümü "Zaman" başlığını taşır o sırada. Proust düşünülünce, romanın, işte geçen yitik zamandan, "Dünyanın Karşısındaki Ev"de çiçekli kızlar arasında aylaklıkla geçen kazanılmış zamana, oradan da yalnızlıkta ve ölümde doğayla uyumun zamanı olan yeniden bulunmuş zamana yöneldiği görülür; bu durum, elyazılı metnin son sayfasındaki kısa ve özlü bir notla özetlenir: Zaman. "Önce çok şey yapar, sonra her şeyi bırakır. Kesinlikle hiçbir şey yapmaz. Zamanı izler, özellikle de mevsimleri (Günlük!)." Mutluluk bağlamında ana izlek durumuna gelen zaman, romanın çatısını ve ritmini oluşturur. İlk taslaklardaki şimdiki zaman-geçmiş zaman değişimi, tümevarıcı değildi. Şimdi, birinci kısmın parçalanmış zamanını, üçüncü kısmın zamansallıktan uzak oluşumuna dönüştürmek için akımın, vurgusuz betimlemelerden lirik söyleşilere geçmesi, bunları birbirine eklemesi gerekiyordu.

Böylece, romanın son değişikliğine, iki kısımlı daralmış biçimine ulaşılır. Daralışın iki nedeni vardır: Önce Camus'nün erotik ya da duygusal öykülere karşı duyduğu sıkıntı. Bu nedenle, onları sınırlamak zorunda kaldı. Sözü geçen tasarının ikinci kısmında, "Zamanı Kazanmak"tan sonra "Lucienne'le karşılaşma" ve "Catherine'in Gidişi" bölümleri geliyordu. Yazar bu bölümlerle ilgili yeterli gereç hazırlayamadı ya da bunu istemedi. Ayrıca, Zagreus öyküsü bir dizgenin düğümünü oluşturmak için oldukça yeterli duruma geldi. Çıkışında, cinsel kıskançlıkla ilgili olan Orta Avrupa'ya kaçış da, bu olaya eklendi.

Ama Camus, üç kısma ayırma düşüncesine sıkı sıkıya bağlıdır. Bu yüzden, son daralıştan önceki plan hâlâ şöyledir:

"1. kısım. 1°: Yoksul mahalle. 2°: Patrice Mersault. 3°: Patrice ve Marthe. 4° [Karalanmış, zor okunuyor.]: P. ve dostları [?]. 5°: Patrice ve Zagreus.

2. kısım. 1°: Zagreus'un öldürülüşü. 2°: Boğuntu içinde kaçış. 3°: Mutluluğa dönüş.

3. kısım. 1°: Kadınlar ve güneş. 2°: Tipasa'da gizli ve ateşli mutluluk. 3°: Mutlu ölüm."

Kesin başlık bulunmuş, ama son bölüme konmuştur. Zagreus öyküsü henüz tam yerinde değildir. Öldürülüşünün yeri değişmeyi beklemektedir, bu da önce ilk kısmın sonuna, sonra başına geçerek gerçekleşir. Bu durumda, yolculukla dönüşe indirgenen ikinci kısım, ipince kalır. Sonuncu kısımla birleşir, "Bilinçli Ölüm" ortak başlığı kaynaşmayı onaylar ve ilk kısmın başlığı da buna koşut duruma gelir: "Doğal Ölüm" Buna karşılık bir başlığı olan bölümler bundan yoksun kalırlar: "Dünyanın Karşısındaki Ev", sonra "Kadınlar ve Güneş", daha sonra da "Kadınlar ve Dünya" başlığını taşıyan bölüm, haber kipinin alışılmamış ışığında, bundan böyle yazılı olmadan, Prag dönüşünün anlatımından sonra gelir. İşte, yeniden yazılmış – "Romanı yeniden yazmak" gereksinimi duyar Camus, Temmuz 1938'de, bitmiş, en azından yeniden elden geçirilmiş olan *Mutlu Ölüm*'ün öyküsü.

Niçin yayımlanmadı? Burada ancak bütünüyle yazınsal nedenler üzerinde durulacak. Bay Castex, *Yabancı* üzerine yaptığı bir incelemede, Camus'nün düşsel tasarısı içinde, bu daha sonra yazılan romanın, *Mutlu Ölüm*'ün ayağını kaydırdığını varsayar, Ağustos 1937'nin nazik bir tarih olduğunu, ilk romanın oluşturulduğu bu dönemde *Yabancı*'nın izleğinin gizlice, usul usul araya girdiğini düşünür. Şu metni alıntılar:

"Yaşamı alışılagelen yerde (evlilik, iş vb.) arayan ve bir moda kataloğunu okurken, birdenbire kendi yaşamına (moda kataloglarındaki gibi düşünülen yaşam) ne kadar yabancı olduğunu fark eden bir adam."[1]

Bu parça *Mutlu Ölüm*'le ilişkili olsa da, belirtilen izleğin ilk yazılışını sunmaktadır.

Bu, yerinde bir varsayım. *Mutlu Ölüm*'ün roman sanatı açısından bir değerlendirmesi yapılarak güçlendirilebilir. Öyle görünüyor ki, Camus, üzerinde çalıştıkça, ilk romanının giderilemez hatasıyla birlikte bir başka roman olanağını duyumsamıştı.

"İyi örülmemiş, ama aynı zamanda dikkat çekecek biçimde yazılmış yapıt," diye değerlendirir Roger Quilliot. Bundan daha iyi dile getirilemezdi. *Mutlu Ölüm*'de biçemci bir yazarın özellikleri parıldar, romancının değil. Camus yok yere onu düzene koymaya ve birbiriyle uyumsuz gereçleri birleştirmeye çalışır: Zagreus'un düşsel öldürülüşüyle, Prag'a yapılan gerçek yolculuğun öyküsü arasında ve yoksul Cardona betimlemesiyle "Dünyanın Karşısındaki Ev"in anımsanışı arasında ne gibi bir ilişki vardır? Anlatım biçimlerinin uyumsuzluğu yan öykülerin uyumsuzluğunu artırır, bu durum, üzerinde çalışılmış bir karşıtlık biçemi dikkate alınarak hoş görülemez: Dokunaklılık, neşe, bayağılık, betimlemelerdeki kuruluk, cinsel coşkunluk, güneşle ilgili lirizm bir düzen izlemeksizin art arda gelir. Yan öyküler çok fazladır ve kimi zaman gereksiz yinelemeye dönüşür: Mersault'nun annesinin ölümünden Cardona'nın annesinin ölümüne geçeriz. Özellikle kadın kahramanların rolleri iyi dağıtılmamıştır: "Küçük budalalar" üçlüsü içinde Catherine'in ayrı bir yeri vardır, aslında –ilk planların gösterdiği gibi– onun başlangıçta Mersault'yla bir ilişkisi vardı, ama Lucienne aynı üstünlükten yararlanabilirdi. Planlar, kimi zaman biriyle, kimi zaman öbürüyle kurulmuş ilişkiyi öngörürler. Planlarda Lucile diye belli birinin adı da geçer. Bir düzeltimde görüldüğü gibi, Marthe, onun yerini alacak ve Lucienne'le Catherine'in rollerinin bir bölümünü de üstlenecektir. Marthe yitik zamanla,

1. R. Quilliot, *La Mer et les prisons* (Deniz ve Tutukevleri), s. 87.

Catherine de yeniden bulunan zamanla ilişkili olacaktır. Kuşkusuz Camus'nün, kadınlarıyla arası iyi değildir! Onlar romanın doğuşunu geciktirirler. "Çoğu zarar, azı karar," atasözünün yazınsal bir açıklamasını oluştururlar. Son yazılışta, kadın kahramanların görevlerini yerli yerine oturtmak, izlerini korumak ya da olaya katılışlarını düzenlemek için yazarın harcadığı çaba fark edilir. Sonuç, pek parlak değildir.

Daha çok çabayla daha iyi sonuç alınabilir miydi? *Mutlu Ölüm*, roman olarak, türünün ilkesinden bağımsız değildir. Yenilerde roman üzerine yapılmış bir çalışmada[1] şunları okuyoruz: "Bir romanın değeri, doğru gözlem ile, gerçeğin düşsellikçe düzeltilmiş ya da derinleştirilmiş biçiminin birleştiği gerilime bağlıdır." Hiçbir roman bu kuralın dışında değildir. Oysa *Mutlu Ölüm*'de gözlemle ilgili öğeler, yani özyaşamsal parçalar dağınık kalırlar: Yoksul mahalle, sanatoryum, "Dünyanın Karşısındaki Ev", Orta Avrupa yolculuğu, kadın kahramanlarla ilgili anılar, daha sonra *Başkaldıran İnsan*'ın örnek olarak göstereceği Proust'un yapıtındaki gibi, "bir bütün, kapalı ve birleşmiş bir dünya" olarak birleşmek üzere, kimyasal anlamda işlenmiş değillerdir. Ancak yaratıcı bir imgelemce yeniden değerlendirildiklerinde bir bütün olabileceklerdir. Oysa yaratıcı imgelem, *Mutlu Ölüm*'de, yalnızca biçem düzeyinde kendisini gösterir. Yan öykülerin ya da kişilerin uyduruluşu yoksulcadır: Ne, *İnsanlık Durumu*'ndan ya da *Suç ve Ceza*'dan esinlenilen Zagreus'un öldürülüşü ne de bu kahramanın bizzat kendisi, roman gerçekliğine ulaşabilir. Bu olanaksız romanda, *Tersi ve Yüzü*' nün damarından gelen, biçim açısından "Alay"dan ya da "Ruhta Ölüm"den farklı olmayan yaşanmış sahneler ya da *Düğün*'dekilerle yakınlığı olan lirik anımsamalar değerlidir yalnızca. Romanın en iyi yanı, romansı olmamasıdır.

Camus de bunu açıklıkla duyumsadı mı? Hiçbir yerde itiraf etmiyor. Ama büyük bir olasılıkla, en azından sanatçı bilinçaltı, onu, yanlışı konusunda uyarıyor, farkında bile olmadan, daha iyi bir yola götürüyordu. Gide'den doğalcı ve etkili bir karşılaştırma sözünü ödünç alırsak, *Mutlu Ölüm*'ün krizalitin-

1. H. Coulet, *Le roman Jusqu'à la Révolution* (Devrime Kadar Roman), A. Colin.

de *Yabancı*'nın larvası biçimleniyordu. *Mutlu Ölüm* aldatıcı oluşumunu izliyor, yazarı onu bütün bölümleriyle yeniden yazmaya, canlandırmaya çalışıyordu, ama asalak olarak esinlenilmiş olan *Yabancı*, sonunda, hatalı bir roman yerine, gerçek bir anlatı verecek olan bu çalışmadan, en kazançlı çıkan yapıt oluyordu.

Öyleyse, bu inceleme *Mutlu Ölüm*'le *Yabancı* arasında kısa bir koşutlukla sona erecek.[1] Roger Quilliot, "Meursault'nun... Mersault'nun[2] küçük erkek kardeşi" olduğunu gösterdi; kimi yan olgularla kimi ikincil kişilerin iki metinde de ortak olduğuna dikkati çekti; ama o, özellikle ayrılıklar karşısında duyarlıdır ve şunları yazmaktan da kendini alamaz: "İki olay örgüsünün birbiriyle hiçbir ilgisi yoktur..." ya da: "'*Mutlu Ölüm*' hiçbir biçimde *Yabancı*'nın matrisi değildir, apayrı bir romandır o..."

Yine de, olay örgüsündeki, kuruluş ve amaçtaki apaçık ayrılıklara karşın, *Mutlu Ölüm*'de *Yabancı*'nın bir önsimgesi ve hatta, terim biyolojik anlamına çekilirse, onun matrisi görülebilir. Bunu kanıtlamak için iki yapıtın yapısını karşılaştırmak yeterlidir: *Mutlu Ölüm* son düzenlenişiyle iki kısma indirilmiştir. Camus için üçlü bölümlemeden ikili bölümlemeye geçiş, karşıtların kestirmeden sergileneceği daha kişisel bir diyalektiğin yararına, çelişkilerin bireşiminin düzenleneceği klasik bir kurgulamadan vazgeçme anlamına gelir. Bu bakış açısıyla, *Yabancı*, *Mutlu Ölüm*'ün yalnızca bir kopyasıdır: İkisinde de iki kısım ve yaklaşık aynı sayıda bölüm (birinde 6+5, öbüründe 5+5) vardır. İki kitapta da, birinci kısımların şeması, görülür biçimde aynıdır: Şiirsiz yaşamdan sahneler, sonra köpekli adamla söyleşi (Salamano ya da Cardona), ardından, bir cinayet: Zagreus'un ya da Arap'ın öldürülmesi. Bu cinayet, kahramanı gerçeklik içindeki yapaylığa iter. Görünüşte, ikinci kısımların artık ortak hiçbir yönü yoktur. Prag yolculuğu, "Dünyanın Karşısındaki Ev", simgesel bir anlatıda sindirilemez öğeler ola-

1. Bütünlüklü bir incelemede Caligula'yla koşutluk da zorunlu olacaktır.

2. *Mutlu Ölüm*'ün başkişisi Mersault, *Yabancı*'nınki Meursault'dur. Kaynaklarda genellikle, birincisinin "deniz-güneş", ikincisinin "ölüm-güneş" sözcüklerinin bileşimi olduğu belirtilir. (Ç.N.)

rak, kuşkusuz *Yabancı*'da yok oldular. Ama Mersault, Chenoua'daki uzletinde, Mersault da Cezayir'deki tutukevinde ele alınsın; kendilerini eğlendiren ziyaretlerin, heyecanlandıran mevsimlerin, son saatlerine götüren tartılmaz zamanın ritmi içinde, aralarında bir uygunluk bulgulanacaktır. Biri sonucundan yararlandığı eksiksiz bir cinayet işlediği, öbürü yeteneksiz bir katil olarak yargıçların kurbanı durumuna geldiği için yazgıları birbirine pek benzemez görünürse de, unutmamak gerekir ki, her ikisinin sorunu da mutlu ölümdür –bir elyazması "Yabancı ya da Mutlu Bir Adam" alt başlığını taşır– ve her ikisi de bu sorunu, dünyayla uyuşup insanlardan kurtularak başarıyla çözümlerler.

Burada yapılan, dikkatli bir incelemeden çok, yalnızca bir karşılaştırma taslağı. İki yapıtın biçemlerinden çok, konuları üzerinde durabilseydi, bu taslak derinliğe ulaşabilirdi. Bundan da yalnızca *Yabancı*'nın üstünlüğü daha açıklıkla ortaya çıkardı. Ama en sonunda, Camus'nün yayımlamadığı *Mutlu Ölüm*'ün, bir yapıttan çok bir belge olduğunu ve yazarın deha dosyasına eklenmek üzere bu belgede olumlu parçaların bulunmasının onun parlaklığı için yettiğini söylemek gerekir mi? Bunları bulma zevki okura bırakılıyor.

JEAN SAROCCHI

Birinci kısım

# DOĞAL ÖLÜM

# Birinci bölüm

Saat sabahın onuydu, Patrice Mersault düzenli adımlarla Zagreus'un villasına doğru yürüyordu. O saatte hastabakıcı pazara çıkar, villa ıssız olurdu. Nisan ayıydı; pırıl pırıl, soğuk, duru, donuk, mavi ve güzel bir ilkbahar sabahıydı, göz kamaştırıcı, ama ısıtmayan bir güneş vardı. Villanın yanındaki küçük yamaçları süsleyen çamların arasından ağaç gövdeleri boyunca duru bir ışık akıyordu. Yol ıssızdı. Yükseliyordu biraz. Mersault'nun elinde bir valiz vardı; soğuk yol üzerindeki sert adım sesleriyle, valizinin kulpunun çıkardığı düzenli gıcırtı arasında, bu dünyanın sabahının görkemi içinde ilerliyordu.

Yol, villaya varmadan az önce banklar ve bahçelerle dolu bir alana açılıyordu. Kül rengi sarısabırların ortasındaki erkenci kırmızı sardunyalar, gökyüzünün maviliği, kireç badanalı beyaz bahçe duvarları, bütün bunlar, öyle hoş, öyle çocuksuydu ki, Mersault, alandan Zagreus' un villasına inen yola koyulmadan önce bir an durdu. Eşiğe gelince yeniden durdu ve eldivenlerini giydi. Sakat adamın aralık tuttuğu kapıyı açtı ve rasgele kapattı. Koridorda ilerledi, soldan üçüncü kapının önüne varınca kapıyı çaldı, içeri girdi. Zagreus oradaydı, şöminenin yanındaki koltukta, tam Mersault'nun iki gün önce oturduğu yerde; kesik bacaklarının üzerinde bir İskoç battaniyesi vardı. Kitap okumaktaydı; hiçbir şaşkınlığın okunmadığı yuvarlak gözlerini, şimdi, kapalı kapının yanında durmakta olan Mersault'ya diktiğinde, kitabını örtüye dayıyordu. Pencerelerin perdeleri çekilmişti; yerde, mobilyaların üzerinde, eşyaların orasında burasında, güneş birikintileri vardı. Camların arkasındaki sabah, yaldızlı ve soğuk toprağın üzerinde gülüyordu. Donuk, büyük bir sevinç, güvensiz kuşların keskin çığlıkları, acımak bilmez bir ışık taşkınlığı, sabaha, masum ve gerçekçi bir görünüm veriyordu. Boğazı ve kulakları odanın boğucu sıcaklığıyla tıkanmış olan Mersault, durmuştu. Mevsim değişimine karşın, Zagreus büyük bir ateş yaktırmıştı. Mersault, kanının şakaklarına yükseldiğini, kulaklarının şiddetle zonkladığını hissediyordu. Öteki, sürekli sessiz, gözleriyle onu izliyordu. Patrice şöminenin öbür yanındaki sandığa doğru yürüdü, sakat adama bakmadan, valizini masanın üzerine bıraktı. Oraya varınca ayak bileklerinde hafif bir titreme hissetti. Durdu, ağzına bir sigara aldı, eldivenli elleri yüzünden sigarayı zorlukla yaktı. Ardında hafif bir ses. Sigara dudaklarında, geriye döndü. Sürekli kendisine bakmakta olan Zagreus kitabını yeni kapatıyordu. Mersault, ateşin acı verecek kadar dizlerini yaktığını hissederken, başlığı tersinden okudu: *Saray Adamı*, Baltasar Gracian'ın kitabı. Duraksamadan sandığa eğildi ve açtı. Beyaz üzerinde siyah tabanca, bakımlı bir kedi gibi tüm eğri çizgileriyle parlıyor, Zagreus'un mektubunun üzerinde durup duruyordu. Mersault sol eline mektubu, sağına tabancayı aldı. Bir duraksamadan sonra, silahı sol kolunun altına kıstırıp mektubu açtı. İçinden, Zagreus'un köşeli, iri elyazısıyla yalnızca birkaç satır yazılmış büyük boy, tek bir kâğıt çıktı:

**Ortadan kaldırdığım yarım bir adamdan başkası değil. Bana bundan ötürü kızılmamasını dilerim, zaten sandıkta**

şimdiye dek hizmetimi görenlere borcumu ödemek için gerekenden fazlası bulunmakta. Artanın, idam mahkûmlarının koşullarının iyileştirilmesine ayrılmasını istiyorum. Ama bunun, çok şey istemek olduğunun da bilincindeyim.

Mersault, anlaşılmaz bir yüzle mektubu katladı, zarfın üzerine kül düşerken, tam o anda sigarasının dumanı gözüne kaçtı. Kâğıdı salladı, masanın üzerine, görülür bir yere koydu, Zagreus'a döndü. Beriki, şimdi zarfa bakıyordu, adaleli, kısa elleri kitabın çevresinde kalakalmıştı. Mersault eğildi, kasanın anahtarını çevirdi, sarıldıkları gazete kâğıdının arasından yalnızca yan kenarları görülen tomarları aldı. Silahı koltuğunun altında, tek eliyle onları düzenli bir biçimde valizine doldurdu. Yirmi kadar yüzlük paket vardı, Mersault çok büyük bir valiz almış olduğunu anladı. Kasada yüzlük kâğıt paralardan bir tomar bıraktı. Valizi kapatınca, yarısı içilmiş sigarayı ateşe fırlattı, tabancayı sağ eline alarak, sakat adama yaklaştı.

Zagreus şimdi pencereye bakıyordu. Hafif bir ezme sesiyle birlikte, kapının önünden yavaşça bir otomobilin geçtiği duyuldu. Zagreus, kımıldamaksızın, bu nisan sabahının insansız güzelliğini seyre dalmış gibiydi. Tabancanın namlusunu sağ şakağının üzerinde hissettiğinde, gözlerini dışarıdan ayırmadı. Ama ona bakan Patrice, gözlerinin yaşlarla dolduğunu gördü. Gözlerini yuman o oldu. Geriye bir adım attı ve ateş etti. Bir an duvara dayandı, gözleri sürekli kapalı, kanının yeniden kulaklarını zonklattığını hissetti. Baktı. Baş, sol omzun üzerine düşmüş, gövde hafifçe yan yatmıştı. Öyle ki, artık Zagreus değil; beyin, kemik, kan kabartısı içinde büyük bir yara görülüyordu yalnızca. Mersault titremeye başladı. Koltuğun öbür yanına geçti, el yordamıyla sağ eli aldı, ona tabancayı tutuşturdu, şakağın hizasına kaldırdı ve düşmesi için bıraktı. Tabanca koltuğun koluna, oradan da

Zagreus'un dizlerinin üstüne düştü. Bu davranış sırasında, Mersault sakat adamın ağzını ve çenesini fark etti. Pencereye baktığı zamanki aynı ağırbaşlı ve hüzünlü havayı taşıyordu adam. O anda kapının önünde keskin bir boru sesi çınladı. Gerçekdışı çağrı, ikinci bir kez kendini duyurdu. Mersault, koltuğun üzerine eğilmiş kalmıştı, kıpırdamadan durdu. Bir araba sesi, kasabın yola çıkışını haber verdi. Mersault valizini aldı, bir güneş ışını altında mandalı parlayan kapıyı açtı, zonklayan başı ve kuruyan diliyle dışarı çıktı. Sofanın kapısını geçti, hızlı adımlarla yürüdü. Küçük alanın kıyısındaki bir küme çocuk dışında, ortalıkta kimseler yoktu. Uzaklaştı. Alana gelirken soğuğun bilincine vardı ve ince ceketinin altında titredi. İki kez aksırdı ve küçük koyak, göğün duruluğunun iyice artırdığı belirgin, alaycı yankılarla doldu. Biraz kararsızlık geçirdiyse de, durdu, derin derin soluklandı. Mavi gökyüzünden milyonlarca küçük, beyaz gülücük iniyordu. Gülücükler; yağmur dolu yapraklarla, bahçe yollarının ıslak tüfleri üzerinde oynuyor, taze kan rengi kiremitli evlere doğru uçuyor; kanat çırparak, havayla, güneş göllerine doğru yükseliyor ve birdenbire, oradan da taşıyorlardı. Gökten, yol alan küçük bir uçağın hafif mırıltısı iniyordu yere. Havanın bu ışıl ışıllığı, göğün bu verimliliği altında, insanların tek ödevi, yaşamak ve mutlu olmak gibi görünüyordu. Mersault'nun içinde her şey susuyordu. Üçüncü bir aksırıkla sarsıldı, ateşten titrediğini hissetti. Bunun üzerine çevresine bakmadan, valizinin gıcırtısıyla adımlarının sesi arasında hızla uzaklaştı. Evine varınca, valizini bir köşeye bırakıp yattı, öğle sonunun ortalarına kadar uyudu.

# İkinci bölüm

Yaz, uğultular ve güneşle dolduruyordu limanı. Saat on bir buçuktu. Rıhtımı, sıcaklığının tüm ağırlığıyla çökertmek isteyen gün, ortasından açılıyordu. Siyah tekneli, kırmızı bacalı "Schiaffino"lara, Cezayir Ticaret Odası'nın hangarları önünde buğday çuvalları yükleniyordu. Onların ince toz kokusu, sıcak bir güneşin yol açtığı yoğun katran kokularına karışıyordu. Vernik ve anason kokulu küçük bir barakanın önünde insanlar içki içiyorlar, kırmızı mayolu Arap akrobatlar, içinde ışığın oynaştığı denizin önünde, kızgın döşeme taşlarının üzerinde ha bire gövdelerini döndürüyorlardı. Çuvalları taşıyan dok işçileri, onlara bakmaksızın, rıhtımdan yük gemisinin güvertesine uzatılmış iki esnek kalas üzerinde yürüyorlardı. Yukarıya varınca vinçler ve gemi direkleri arasında, beyazımsı bir hamur sıvanmış terli ve tozlu yüzlerinde parlayan gözlerle, birden, gökle körfez arasında, gökyüzünün karşısında bir an şaşkın şaşkın duruyor, sonra sıcak kan kokulu sintineye körlemesine dalıyorlardı. Yakıcı havada bir siren sesi uzun uzun uludu.

Adamlar kalasın üzerinde, birdenbire bir kargaşa içinde durdular. İçlerinden biri, düşmesine engel olacak kadar birbirine yaklaştırılmış kalın kerestelerin arasına kaymıştı. Ama arkasında kalan kolu, çuvalın dayanılmaz ağırlığı altında kırılmış, adam acıyla bağırıyordu. O sırada Patrice Mersault bürosundan çıktı. Adımını kapıdan dışarı atar atmaz, yaz sıcağı soluğunu kesti. Kocaman açılmış ağzıyla, boğazını yakan katran buharını içine çekti, dok işçilerinin yanında durdu. Yaralıyı çıkarmışlar, tahtaların üzerine, tozun toprağın içine sırtüstü yatırmışlardı, dudakları acıdan beyazlaşmıştı, dirseğinden kırılan kolu sarkıyordu. Bir kırık kemik parçasının eti deldiği korkunç bir yaradan kan sızıyordu. Kol boyunca yuvarlanan kan damlaları, teker teker, küçük cızırtılarla kızgın taşların üzerine düşüyor, oradan bir buğu yükseltiyordu. Mersault, birisi kolunu tuttuğunda, kımıldamaksızın bu kana bakıyordu. Emmanuel'di bu, "koşu arkadaşı ufaklık". Zincir şakırtıları ve gürültü patırtılarla kendilerine doğru gelen bir kamyonu gösteriyordu: "Var mısın?" Koştu Patrice. Kamyon onları geçti, onlar hemen ardından atıldılar, gürültüye, toza bulanmış, soluk soluğa ve kör gibi, koşunun dizginsiz hızının verdiği esrimeyi hissedecek kadar bilinçli, ufuktaki gemi direklerinin dansı ve yanlarından geçtikleri kırık dökük teknelerin yalpası eşliğinde, vinçlerle makinelerin ritmine uyarak koştular. Kamyona ilk Mersault tutundu, gücünden ve çevikliğinden emin, uçarcasına atladı. Bacaklarını sarkıtarak, oturması için Emmanuel'e yardım etti. Beyaz kireçsi toz, gökten inen ışık dolu bunaltıcı hava, güneş, gemi direkleri ve siyah vinçlerle dolu limanın uçsuz bucaksız düşsel görünümü içinde, solukları kesilesiye gülen, kanları kaynayan Emmanuel'le Mersault'yu, rıhtımın düzensiz döşeme taşları üzerinde hoplatarak, son hızla uzaklaştı kamyon.

Belcourt'a varınca, şarkı söyleyen Emmanuel'le birlikte kamyondan indi Mersault. Emmanuel şarkıyı yüksek sesle ve kötü söylüyordu. "Anlıyor musun," diyordu Mersault'ya, "yürekten gelen bir şey, bu şarkı işi. Diyelim, hoşnut olduğum zaman. Ya da deniz, güneş banyosu yaptığım zaman." Gerçekten de Emmanuel yüzerken şarkı söyler ve göğsünün sıkışmasıyla boğuklaşan, denizin üzerinde belirsizleşen sesi, kısa ve adaleli kollarının devinimlerine uyardı. Birlikle Lyon Sokağı'na yöneldiler. İyice boylu olan Mersault, geniş ve adaleli omuzlarını sallayarak, uzun adımlarla yürüyordu. Yürüdüğü kaldırıma ayağını koyuş biçiminde, kimi anlar kendisini kuşatan kalabalığın arasından kayıp geçişinde, son derece genç ve güçlü olan bu gövdenin sahibini, bedensel kıvancın son sınırlarına götürebilecek yetenekte olduğu hissediliyordu. Spor sayesinde gövdenin dilini öğrenmiş bir sporcu gibi, esneklik dolu hafif bir gösterişle, gövdesinin ağırlığını tek bir kalçanın üzerine vererek ayakta dururdu. Gözleri, epeyce gür kaş kemerlerinin altında parladı; Emmanuel'le, kavisli dudaklarını büzerek, kurulmuş makine gibi konuşurken, boynunu rahatlatmak için yakasını çekiştiriyordu. Her zaman yemek yedikleri lokantaya girdiler; oturdular ve yemeklerini sessizce yemeye başladılar. Hava gölgede serindi. Sinekler, tabak çınlamaları ve konuşmalar vardı. Lokanta sahibi Céleste, onlara doğru ilerledi. İriyarı, bıyıklı biriydi, önlüğün üzerinden karnını kaşıyordu. "Çok iyi," dedi Emmanuel. "Tıpkı yaşlılar gibi." Konuştular. Céleste'le Emmanuel karşılıklı, "Ooo, ahbap!" deyip birbirlerinin omuzlarına vurdular. "Yaşlılar, görüyorsun," diyordu Céleste, "aptal oluyorlar biraz. Bir de gerçek erkeğin, ellisindeki erkek olduğunu söylemezler mi! Tabii kendileri ellisinde oldukları için. Benim yalnızca oğluyla mutlu olan bir arkadaşım vardı. Birlikte çıkarlar, âlem yaparlar, gazinoya giderlerdi. Arkadaş, 'Niye yaşlılarla gezecekmişim?' derdi. 'Her gün bana, müshil içtiklerini, karaciğerlerinin iyi çalışmadığını söylerler. Oğlumla gezmem daha iyi. O, gördüm ki bir fıstığa asılıyor, hiçbir şey görmemiş gibi yapar, atlarım tramvaya. Eyvallah ve teşekkürler. Böyle, çok hoşnutum.'" Emmanuel gülüyordu. Céleste, "Elbette," dedi, "önemli biri değildi, ama çok hoşlanırdım ondan." Mersault'ya yönelerek sürdürdü: "Eski bir arkadaşıma yeğlerim onu. Bizimki başarılı olduğu zamanlar, başı hep havalarda, küçük dokundurmalarla konuşurdu benimle. Şimdi daha az gururlu, her şeyini yitirdi."

"İyi olmuş," dedi Mersault.

"Ama yaşamda enayilik etmenin de gereği yok. İyi yaşadı ve iyi de etti. Bir ara serveti dokuz yüz bin franka varmıştı... Ah, ben olsaydım..."

"Ne yapardın," dedi Emmanuel.

"Küçük bir kulübe satın alırdım, çatının göbeğine biraz ökse sürer ve bir bayrak dikerdim. Böyle, rüzgârın estiği yönü görmek üzere beklerdim."

Mersault yemeğini dingin dingin yiyordu. Emmanuel, patrona Marne'daki ünlü savaşını anlatmaya başladı.

"Bizim gibi zuhafları yerli asker yerine koydular..."

"Canımı sıkıyorsun," dedi Mersault, bunun üzerine soğukkanlılıkla.

"Komutan, 'Hücum!' dedi. Biz de aşağı doğru aktık, ağaçlıklı bir küçük koyaktaydık. Saldırmamızı söylemişti, ama önümüzde kimse yoktu. İleriye yürüdük, yürüdük. Sonra birdenbire makineli tüfekler bizi taramaya başladı. Hepimiz birbirimizin üstüne düşüyorduk. Koyağın içinde o kadar ölü, o kadar yaralı vardı ve öylesine kan akmıştı ki, karşıya bir kayıkla geçilebilirdi. 'Anneciğim!' diye bağıranlar... Öyle korkunçtu ki..."

Mersault ayağa kalktı ve peçetesini buruşturdu. Patron, mutfak kapısının arkasına tebeşirle onun yemeğini işaretlemeye gitti. Onun hesap defteri buydu. Bir anlaşmazlık olduğunda kapıyı menteşelerinden söker, hesapları sırtında getirirdi. Patronun oğlu René bir köşede rafadan yumurta yiyordu. "Zavallı," dedi Emmanuel, "göğsündeki illetten ölüp gidecek." Doğruydu. Genellikle sessiz ve ağırbaşlıydı René. Çok zayıf değildi, ama bakışı solgundu. O sırada bir müşteri ona, "veremin zamanla ve önlemler alınırsa iyileşeceğini" açıklıyordu. O, onaylıyor ve iki lokma arasında ağırbaşlılıkla karşılıklar veriyordu. Mersault, bir kahve içmek üzere onun yanına gelip dirseklerini tezgâha dayadı. Müşteri sürdürüyordu: "Jean Pérez'i tanır mıydın? Hani canım, gaz şirketindeki. Öldü o. Akciğerlerinden biri rahatsızdı. Ama evine dönmek için hastaneden ayrılmayı kendi istedi. Evinde karısı vardı çünkü. Ve karısı onun için bir kısraktı. Hastalığı böyle yapmıştı adamı. Anlıyorsun ya, sürekli karısının üzerindeydi. Karısı istemiyordu. Ama adam korkunçtu. Her gün, her gün iki kez, üç kez... Elbette hasta bir adamı sonunda öldürür." René dişleri arasında bir ekmek parçası yemeyi bırakmış, gözlerini adama dikmişti. "Evet," dedi, "sonunda hastalığın gelişi birdenbiredir, ama gidişi için zaman gerekir." Mersault parmağıyla, buğu kaplı kahve süzme makinesinin üzerine adını yazdı. Gözlerini kırptı. Kendi kendinden, kendi çıkarından uzak, kendi yüreğine ve kendi gerçekliğine yabancı yaşamı; kahve ve katran kokuları içinde, her gün, bu soğukkanlı veremli ile şarkılarla dolup taşan Emmanuel arasında salınıp duruyordu. Başka koşullarda, kendisini coşturacak şeyler konusunda, odasına dönünceye kadar susuyordu, çünkü onları yaşıyordu; odasına döndüğündeyse tüm gücünü ve dikkatini içinde yanan yaşam ateşini söndürmeye harcıyordu.

"Bak Mersault," diyor patron, "sen okumuş adamsın."

"Evet, iyi," dedi Patrice, "bir daha gözden geçirirsin."

"Aa, bu sabah canavar gibiydin!"

Mersault gülümsedi ve lokantadan ayrıldı, yolu geçip odasına çıktı. Bir at kasabının üzerindeydi odası. Balkonundan dışarı sarkınca burnuna kan kokusu geliyor, "İnsanın en soylu utkusuna" yazılı tabelayı okuyabiliyordu. Yatağına uzandı, bir sigara yaktı ve uyudu.

Annesinin oturmuş olduğu odada kalıyordu. Uzun zaman üç odalı bu küçük dairede yaşamışlardı. Mersault yalnız kalınca iki odayı bir fıçıcıya kiralamıştı, adam kız kardeşiyle birlikte yaşıyordu. En iyi odayı kendisine ayırmıştı Mersault. Annesi elli altı yaşında ölmüştü. Güzel görünmeye özen gösteren, iyi yaşayıp göze çarpacağını sanan güzel bir kadındı. Kırkına doğru korkunç bir hastalığa yakalanmıştı. Giysilerinden, düzgününden yoksun kalmış, hasta giysilerine bürünmüş, korkunç şişler yüzünden yüzünün biçimi bozulmuş, şiş ve güçsüz bacakları yüzünden handiyse yerinden kıpırdayamaz olmuş, kendi haline bırakıldığı renksiz bir dairede, çevresini çılgın gibi el yordamıyla yoklayarak, yarı kör yaşamak zorunda kalmıştı. Darbe ani ve kesindi. Şekeri vardı, ama umursamamıştı, bu aldırmaz yaşayış ağırlaştırmıştı hastalığı. Mersault, öğrenimini bırakmak, çalışmak zorunda kalmıştı. Annesinin ölümüne dek okumayı ve düşünmeyi sürdürmüştü. Hasta kadın on yıl boyunca bu yaşama katlandı. Bu işkence öyle uzun sürmüştü ki, çevresindekiler onun hastalığına alışmışlar, gerçekten ölebileceğini unutmuşlardı. Ama öldü bir gün. Mahallede Mersault'ya acıdılar. Cenaze töreninden çok şey bekliyor, oğlunun annesine bağlılığının büyüklüğünü anımsatıyorlardı. Patrice'in acısını artırmamak için, uzak akrabalardan hiç ağlamamalarını istiyorlardı. Onu korumaları, kendilerini ona adamaları için yalvarıyorlardı. Bununla birlikte o, elinden geldiğince iyi giyindi, şapkası elinde hazırlıkları seyre daldı. Cenaze alayını izledi, dinsel törene katıldı, bir avuç toprak attı ve birilerinin ellerini sıktı. Yalnızca bir kez heyecanlandı ve çağrılılar için yeterli taşıt olmadığına üzüldüğünü belirtti. Hepsi buydu. Ertesi gün, dairenin pencerelerinden birine "Kiralık" yazılı bir duyurunun asıldığı görüldü. Artık annesinin odasında oturuyordu. Eskiden annesinin yanında yoksulluğunun bir tadı vardı. Akşamları evde bir araya gelip gaz lambasının çevresinde sessizce yemek yerlerken, bu yoksullukta, bu sıkıntıda gizli bir mutluluk vardı. Mahalleleri sessizdi. Mersault annesinin yorgun ağzına bakar ve ona gülümserdi. Annesi de gülümserdi. Yemeği sürdürürlerdi. Lamba tüterdi biraz. Annesi hep bildik devinimle, gövdesi arkaya kaykılmış, yalnız sağ kolunu uzatıp lambanın fitilini ayarlardı. Biraz sonra, "Aç kalmadın ya?" diye sorardı. "Hayır." Sigara içer ya da okurdu Mersault. Birinci durumda, annesi, "Yine mi!" derdi. İkinci durumdaysa: "Lambaya yaklaş, gözlerin bozulacak." Şimdi tersine, yalnızlık da yoksulluk, korkunç bir yoksulluktu. Ve Mersault ölmüş kadını hüzünle düşünürken, acıması, aslında kendine dönüktü. Daha rahat bir yerde oturabilirdi, ama bu daireyi ve onun yoksulluk dolu kokusunu çok seviyordu. Burada en azından, bilerek kendini silmek istediği bir yaşam biçimi içinde, bir zamanlarki benliğine kavuşuyor, bu bıkıp usanmaz, iğrenç karşılaştırma, hüzün ve pişmanlık dolu saatler boyunca, yeniden kendine dönme olanağı sağlıyordu. Annesinin mavi kurşunkalemle adını yazdığı, kenarları saçaklı, gri karton kâğıdı, kapıdan almamıştı. Pamuklu saten örtülü, eski, bakır karyolayı ve küçük sakallı, devinimsiz, parlak gözlü büyükbabasının portresini de yerinde bırakmıştı. Şöminenin üzerinde, çoban kızlar, çalışmayan eski bir saatle, hemen hiç yakılmamış bir gaz lambası duruyordu. Hafif çökmüş hasır sandalyelerin, sararmış aynalı dolabın ve bir köşesi eksik tuvalet masasının oluşturduğu kötü görünüm, gerçekte var değildi onun için, çünkü alışkanlık her şeyi düzeltip yok etmişti. Kendisinden hiçbir çaba istemeyen bir dairenin karanlığında geziniyordu. Bir başka odaya taşınsa, yeni duruma alışması ve yeniden savaşması gerekecekti. Ona gelince; dünyada kullandığı yüzeyi azaltmak ve her şey tükeninceye kadar uyumak istiyordu. Bu amaç doğrultusunda bu oda kendisine yardımcı oluyordu. Odası, bir yanıyla sokağa, öbür yanıyla da her zaman çamaşırlarla kaplı bir terasa, oradan da yüksek duvarlar arasında sıkışıp kalmış portakal ağaçlarının bulunduğu küçük bahçelere bakıyordu. Kimi zaman, yaz geceleri, odayı karanlıkta bırakıyor, terasa ve karanlık bahçelere bakan pencereyi açıyordu. Gece ilerledikçe portakal ağaçlarının kokusu daha yükseliyor, ince ve hafif örtüsüyle onu sarıyordu. Bütün bir yaz gecesi, uzun günler boyunca ölü kalmış da, penceresini ilk kez yaşama açıyormuş gibi, odası ve kendisi bu keskin ve yoğun kokunun içinde yaşıyordu.

Ağzı uyku dolu ve ter içinde uyandı. Vakit çok geçti. Tarandı, koşarak aşağı indi ve tramvaya atladı. Saat ikiyi beş geçe bürosundaydı. Dört duvarında, üst üste dosyaların yığıldığı dört yüz on dört göz bulunan bir odada çalışıyordu. Oda ne pis ne de iğrençti, ama ölü saatlerin çürüdüğü ölü külleri mahzenini çağrıştırıyordu günün her saatinde. Mersault konşimentoları inceliyor, İngiliz gemilerinin taşıdığı malların listelerini çeviriyordu, üçten dörde kadar da koli göndermek isteyen müşterileri kabul ediyordu. Aslında üstüne düşmeyen bu işi kendisi istemişti. Ama başlangıçta, bu işte yaşama açılan bir kapı bulmuştu. Yaşayan yüzler, tanıdıklar, bir geçit ve içinde kendi yüreğinin de attığını duyumsadığı bir soluk vardı. Böylece, üç daktilografın ve büro şefi Bay Langois'nın yüzlerini görmekten kurtuluyordu. Daktilograflardan biri epeyce güzeldi ve kısa bir süre önce evlenmişti. Öbürü annesiyle yaşıyordu, üçüncüsü yaşlı, enerjik, ciddi bir kadındı; Mersault onun süslü konuşma biçimini ve Langois'nın deyişiyle, "mutsuzlukları" konusundaki sakınımlı tutumunu severdi. Langois'yla yaşlı daktilograf arasında bir çekişme vardı, her zaman yaşlı Bayan Herbillon üstün çıkardı bundan. Pantolonunu kıçına yapıştıran terden ve müdürün karşısına çıktığında ya da kimi kez bir avukat ve adının önünde soyluluk sıfatı bulunan biriyle telefonda konuştuğunda içine düştüğü şaşkınlıktan dolayı, küçümserdi kadın onu. Zavallıcık, yaşlı kadını yatıştırmak ya da gönlünü alacak yolu bulmak için boşuna çalışırdı. O akşam da bürosunun ortasında sarsak sarsak dolanıyordu. "Beni sevimli buluyorsunuz değil mi, Bayan Herbillon?" Mersault çeviriyle uğraşıyor, *vegetables, vegetables*, diye söyleniyor, başının üzerindeki ampule ve onun yeşil kıvrımlı karton abajuruna bakıyordu dalgın dalgın. Karşısında Terre-Neuvas haç törenlerini gösteren renkli, büyük bir takvim vardı. İnce uzun kesilmiş ekmek dilimi, kurutma kâğıdı, mürekkep şişesi ve cetvel, masasının üzerinde yan yana sıralanmışlardı. Büronun pencereleri, sarı ve beyaz renkli yük gemilerinin Norveç'ten getirdiği tahta yığınlarına bakıyordu. Kulak kabartıyordu. Duvarın arkasında büyük, sağır, derin vuruşlarla, denizin ve limanın üzerinde soluk alıp veriyordu yaşam. Ona hem öyle uzak ve hem öyle yakın... Saatin altıyı vuruşu özgürlüğüne kavuşturdu onu. Bir cumartesiydi.

Eve dönünce yattı, akşam yemeği saatine kadar uyudu. Yumurta pişirdi ve aynı kapta yedi (ekmeksiz, çünkü ekmek almayı unutmuştu), sonra uzandı ve hemen uyudu, ertesi sabaha kadar. Kahvaltıdan az önce uyandı, temizliğini yaptı, yemeğe indi. Yukarı çıkınca iki bulmaca çözdü, titizlikle Kruschen tuzlarının reklamını kesti ve kesiği, daha önce merdiven korkuluklarından inen şakacı büyükbabalarla dolmuş bir deftere yapıştırdı. Bunu yaptıktan sonra ellerini yıkadı, balkona yöneldi. Güzel bir öğle sonuydu. Bununla birlikte kaldırımlar kir pas içindeydi, tek tük ve yine aceleci insanlar vardı. Her insanı, dikkatli bir bakışla, görüş alanının dışına çıkıncaya kadar izliyor ve onu, yeni birini izlemek üzere bırakıyordu. Önce, geçenler, gezintiye çıkan ailelerdi; denizci giyimli, külotları dizlerinin üzerinde, sert giysileri içinde sıkışıp kalmış iki oğlan, kocaman pembe kurdeleli, parlak siyah ayakkabılı küçük bir kız. Onların arkasında kahverengi, ipek giysili bir anne, elinde bir bastonla, seçkin bir baba. Biraz daha sonra, başlarına yapışmış saçları ve kırmızı kravatıyla, bellerine iyice oturmuş, küçük cebi işlemeli ceketleri ve küt burunlu ayakkabılarıyla, mahallenin gençleri geçtiler. Kent merkezindeki sinemalara gidiyor; çok yüksek sesle gülerek, tramvaya doğru aceleyle yürüyorlardı. Yol, onların ardından, yavaş yavaş ıssızlaştı. Eğlenceler her yerde başlamıştı artık. Mahalle şimdi dükkâncılarla kedilere kalmıştı. Gökyüzü duruydu, ama yolun iki yanında sıralanan incir ağaçlarının üzerinde ışıksızdı. Sigara satıcısı, Mersault'nun tam karşısında, kapısının önüne bir sandalye çıkardı, iki kolunu arkalığa dayayarak ata biner gibi oturdu. Az önce tıklım tıklım dolu olan tramvaylar, hemen hemen boşalmıştı. Küçük Chez Pierrot Kahvesi'nde, boşalan salonda talaşları süpürüyordu garson. Mersault sandalyesini çevirip sigara satıcısınınki gibi koydu ve üst üste iki sigara yaktı. Odaya döndü, bir parça çikolata kopardı, yemek için, pencereye geldi. Biraz sonra gök karardı ve hemen de açıldı. Ama bulutların geçişi sokağa, onu daha bir karartan yağmur umudu gibi bir şey bırakmıştı. Tramvaylar, saat beşte, banliyölerdeki stadyumlardan basamaklara ve korkuluklara tünemiş seyirci salkımlarını taşıyarak, gürültü içinde geldiler. Arkadan gelen tramvaylar, küçük çantalarından belli olan sporcuları getirdiler. Haykırıyorlar, göğüslerini gere gere, kulüplerinin hiç ölmeyeceğini tekrarlıyorlardı. Birçoğu Mersault'ya çeşitli işaretler yaptı. Biri, "Onlara hadlerini bildirdik!" diye bağırdı. Mersault başını sallayarak, "Evet," dedi yalnızca. O sırada otomobiller iyice çoğaldı. Kimilerinin yanları ve tamponları çiçekler içindeydi. Sonra gün biraz daha döndü. Gökyüzü çatıların üzerinde kızardı. Başlayan akşamla sokaklar yeniden canlandı. Gezintiye gidenler dönüyordu. Yorulmuş çocuklar ağlıyor ya da kendilerini güçlükle sürüklüyorlardı. Mahallenin sinemaları sokağa bir seyirci dalgası boşalttı o sırada. Mersault, ortaya çıkan delikanlıların kararlı, gösterişli davranışlarında, gördükleri serüven dolu filmin bilinçsiz öykünmelerini buluyordu. Kent merkezindeki sinemalardan dönenler biraz daha geç geldiler. Onlar pek ciddiydiler. Kahkahalarla taşkın şakaları arasında, gözlerinde ve çeşitli davranışlarında, sinemanın kendilerine açtığı o parlak yaşamların bir özlemi beliriyordu. Sokakta kaldılar, gidip geldiler. Ve sonunda Mersault'nun karşısındaki kaldırımda iki öbek oluşturdular. Mahallenin kızları, başları açık, kol kola girmişlerdi ve öbeklerin birini onlar oluşturuyordu. Öbür yandan, delikanlılar, kızların başlarını döndürüp güldükleri matrak sözler söylüyorlardı. Ciddi kişiler, kahvelere girdiler ya da insan selinin çevresini bir ada gibi kuşattığı kümeler oluşturdular. Şimdi sokaklar aydınlatılmıştı ve elektrik lambaları, gecede ilk doğan yıldızları solduruyordu. Mersault'nun altında kaldırımlar, insan ve ışık yükleriyle uzanıyordu. Lambalar kir pas içindeki döşeme taşlarını parlatıyor; düzenli aralarla gelen tramvaylar, yansımalarını, parıltılı saçların, ıslak bir dudağın, bir gülümseyişin ya da gümüş bir bileziğin üzerine düşürüyordu. Çok az bir zaman sonra, seyrekleşen tramvayların, ağaçların, lambaların üzerinde çoktan kararan geceyle birlikte yavaş yavaş boşaldı mahalle; ilk kedi, yeniden ıssızlaşan sokağın bir ucundan öteki ucuna yavaş yavaş geçti. Mersault akşam yemeğini düşündü. Sandalyesinin arkalığına uzun bir süre dayalı kaldığı için, biraz boynu ağrımıştı. Ekmek ve makarna almaya indi, yemeğini hazırladı ve yedi. Yeniden pencereye döndü. İnsanlar dışarı çıkıyordu, hava serinlemişti. Titredi, camları kapattı ve şöminenin üzerindeki aynaya doğru döndü. Marthe'ın eve geldiği ya da onunla çıktığı akşamlar ve Tunuslu kız arkadaşlarıyla yazışmanın dışında, aynanın, kirli gaz lambası ile ekmek parçalarının yan yana durduğu bir odadan yansıttığı sararmış bir çevren içindeydi bütün yaşamı.

"Bir pazar daha geçti," dedi Mersault.

# Üçüncü bölüm

Mersault, akşam vakti sokaklarda gezindiği, Marthe'ın yüzünde ışıklarla gölgelerin birlikte parladığını görmekten gururlandığı sırada her şey, gücü ve yürekliliği bile, şaşılacak derecede basit gelirdi ona. Sarhoşlukların en benzersizi olarak her gün kendisine sunduğu bu güzelliği, herkesin içinde ve kendisinin önünde sergilemesinden dolayı minnet duyuyordu kıza. Marthe'ın önemsiz biri olması, onu erkeklerin kollarında mutlu görmesi kadar üzerdi kendisini. Bu akşam gösterimin başlamasından az önce, salonun hemen hemen dolduğu bir sırada birlikte sinemaya girdikleri için hoşnuttu. Kız, hayranlık dolu bakışlar arasında, çiçekler ve gülümseyişler dolu yüzü ve çarpıcı güzelliğiyle, önünde yürüyordu. Kendisi, fötr şapkası elinde, bilinçaltında sanki kendi zarafetini hissediyormuş gibi, olağanüstü bir rahatlık içindeydi. Aldırmaz ve ağırbaşlı bir havaya büründü. Nezaketini artırdı, yer gösteren kızın geçmesi için geriye çekildi ve oturmadan önce Marthe'ın koltuğunu eğdi. Bunlar, kendini gösterme isteğinden çok, yüreğini kabartan, içini tüm varlıklara yönelik bir aşkla dolduran o minnet duygusundandı. Yer gösteren kıza fazla bahşiş verdiyse, sevincini nasıl ödeyeceğini bilemediğinden ve her gün yapılan bu sıradan işte, ışıklı gülümseyişi, bakışında bir yağ gibi parlayan bu Tanrısal varlığı çok sevdiğindendi. Gösterime ara verildiğinde aynalarla çevrili fuayede gezinirken, duvarların ona geri yolladığı, kendi mutluluğunun yüzüydü; salon, zarif, titrek görüntülerle, açık renk giysiler giymiş Marthe'ın büyük, loş silueti ve gülümsemesiyle dolmuştu. Kuşkusuz Mersault, yüzünün bu görünüşünü, sigaranın çevresinde titreyen ağzını, hafif çökmüş gözlerinin hissedilir ateşini seviyordu. Dahası, bir erkeğin güzelliği içsel ve içten gerçekliklerde kendini gösterir. Yüzünden ne yapabileceği okunur. Ve bu, bir kadın yüzünün görkemli yararsızlığı pahasındadır. Mersault gururunu okşayan bu gerçeği biliyor, gizli şeytanlarına gülümsüyordu.

Salona dönerken, yalnız geldiğinde sigara içmeyi ve o sırada orada çalınan hafif müziği dinlemeyi yeğleyip arada hiç dışarı çıkmadığını düşündü. Ama o akşam oyun sürüyordu. Bunu uzatmak ve yinelemek için, bir yığın fırsat vardı. Oturmak üzerelerken, birkaç sıra arkalarına oturmuş bir adamla selamlaşmıştı Marthe. Ve selama katılmak durumunda kalan Mersault, adamın dudaklarının ucunda hafif bir gülümseme gördüğünü sandı. Marthe'ın kendisiyle konuşmak için omzuna koyduğu eline aldırmaksızın oturdu; bir dakika önce olsaydı, onu etkilediğinin yeni bir kanıtı olarak karşılardı bu davranışı.

"Kim bu?" dedi, "kim" sözcüğünün ağzından kusursuz bir doğallıkla çıkmasını bekleyerek; gerçekten öyle de oldu.

"Biliyorsun bu adam..."

"Aa," dedi Marthe... ve sustu.

"Ee?"

"İlle de öğrenmek mi istiyorsun?"

"Yoo," dedi Mersault.

Hafifçe geriye döndü. Yüzünde hiçbir kıpırtının sezilmediği adam, Marthe'ın ensesine bakıyordu. Kıpkırmızı güzel dudaklarıyla epeyce yakışıklı biriydi, ama gözlerinde hiçbir ifade yoktu. Mersault şakaklarına kan dalgalarının yükseldiğini hissetti. Birkaç saatten beri içinde yaşadığı eşsiz görünümün parlak renkleri, kararan bakışının önünde birdenbire islerle kaplanmıştı. Söylenecekleri dinlemenin ne gereği vardı! Emindi, bu adam Marthe'la yatmıştı. Mersault'nun içinde bir ürkü gibi büyüyen şey, bu adamın kafasındaki düşünceydi. Bunu iyi biliyordu, o da aynı biçimde düşünüyordu: "Böbürlenebilirsin her zaman..." Bu adamın, imgeleminde, hem de o dakikada, Marthe'ın zevk anındaki belirli davranışlarını ve kolunu gözlerinin üstüne koyuş biçimini gözünün önüne getirdiğini düşündükçe, yine bu adamın imgeleminde, kadının gözlerinde karanlık tanrıların görkemli ayaklanışını görebilmek için, Marthe'ın kolunu çekmeye çalıştığını düşündükçe içindeki her şeyin yıkıldığını hissediyordu Mersault ve sinemanın, gösterimin başladığını bildiren zili çaldığı sırada, kapalı gözlerinin altında, içinde öfke gözyaşları kabarıyordu. Daha önce sevinci için yalnızca bir bahane olan, şimdiyse öfkesinin canlı nesnesi durumuna gelen Marthe'ı unutuyordu. Uzun süre gözlerini kapalı tuttu ve onları ancak ekrana bakmak için açtı. Bir araba devriliyor, seyircinin çıt çıkmaz sessizliği içinde tekerlerden biri, yalnız, yavaş yavaş dönmeyi sürdürüyor ve Mersault'nun kötü kalbinden doğmuş bütün utancı ve aşağılanmayı inatçı çemberinde sürüklüyordu. Ama içindeki gerçeği öğrenip emin olma gereksinimi, onuruna düşkünlüğünü unutturuyordu.

"Marthe, âşığın mıydı o?"

"Evet," dedi. "Ama beni şimdi film ilgilendiriyor."

Mersault o gün Marthe'a bağlanmaya başladı. Birkaç ay önce tanımıştı onu. Güzelliğine ve zarafetine çarpılmıştı. Biraz geniş, ama düzenli yüzünde, öylesine yaldızlı gözleri ve kusursuz boyanmış dudakları vardı ki, boyalı yüzlü bir tanrıçaya benziyordu. Gözlerinde parlayan doğal bir budalalık, tasasız ve aldırmaz bir hava veriyordu ona. O zamana dek her seferinde bir kadınla ilişkileri başlatan ilk hareketleri yaparken, aşkla arzunun benzer biçimde dile getirilmesini isteyen mutsuzluğun bilincinde olan Mersault, bu varlığı daha kollarıyla sarmadan önce ilişkinin bitişini de düşünüyordu. Ama Marthe, Mersault'nun her şeyden, kendinden bile kurtulduğu bir anda gelmişti. Özgürlük ve bağımsızlık kaygısı, ancak hâlâ umutla yaşayan bir varlıkta duyulur. Mersault için hiçbir şey önemli değildi o sırada. Ve Mersault, onun kollarında ilk kez yatıştı, yakınlaşmayla belirsizleşen yüz çizgilerinin içinde renkli çiçekler gibi açılan, kendisine doğru uzanan kıpırtısız dudaklarını gördü de, bu kadının ardındaki geleceği görmedi, ama bütün arzusu onun üzerinde yoğunlaştı, o görüntüyle doldu. Kadının uzattığı dudaklar tutkusuz ve arzuyla dolu bir dünyanın iletisi gibi geldi ona, yüreği orada doyuma eriyordu. Bunu bir tansık olarak gördü. Kalbi, handiyse aşk sanacağı bir coşkuyla çarpıyordu. Dolgun ve oynak teni dişlerinin altında hissettiği zaman, dudaklarıyla uzun uzun okşayıp sonra çılgın gibi ısırdığı şey, bir tür yabanıl özgürlüktü. Aynı gün metresi oldu kadın. Bir süre sonra sevişme uyumları kusursuzdu. Ama kadını daha iyi tanıdığında, onda duyumsadığı yabancılık sezgisini yavaş yavaş yitirmişti ve onun ağzına abandığında kimi zaman hâlâ yeni şeyler arıyordu. Mersault'nun sakınımlı soğuk davranışlarına alışan Marthe, insanlarla dolu bir tramvayda bir gün onun kendisinden dudaklarını istemesinin nedenini anlayamamıştı. Şaşırmış, uzatmıştı dudaklarını. Mersault onları sevdiği biçimde öpmüş; önce kendi dudaklarıyla okşamış, sonra usul usul ısırmıştı. "Neyin var?" demişti daha sonra kız. Kızın sevdiği biçimde kısacık gülümsemiş ve şöyle yanıtlamıştı: "Yaramazlık yapmak istiyorum." Ardından, sessizliğine dönmüştü. Marthe, Patrice'in sözlerini de anlamazdı. Sevişmeden sonra, gövdenin kendini bıraktığı, dinginliğe erdiği, yüreğin uyukladığı o anda, yalnızca değerli bir köpeğe duyulan yumuşak bir sevecenlikle, Mersault ona gülümseyerek, "Merhaba görüntü," derdi.

Daktilograftı Marthe. Mersault'yu sevmiyordu, ama kafasını karıştırdığı, gururunu okşadığı ölçüde bağlanmıştı ona. Mersault'nun tanıştırdığı Emmanuel, kendisine, "Biliyor musunuz, Mersault ilginç bir tiptir. İçinde cevher vardır. Ama onu gizler. Bu yüzden insan onun hakkında yanlış kanıya varır," dediği günden beri, ona merakla bakıyordu. Aşkta kendisini mutlu ettiği için de daha fazlasını beklemiyordu artık; kendisinden asla bir şey istemeyen, evine gitmek istediğinde onu kabul eden, bu sessiz, gürültüsüz âşığa elinden geldiğince uyuyordu. Eksiğini bulamadığı bu adam karşısında, yalnız canı sıkılıyordu biraz.

Bununla birlikte, o akşam sinema çıkışında, Mersault'yu da bir şeylerin etkileyebileceğini anladı. Bütün akşam boyunca sustu ve onun evinde uyudu. Beriki geceleyin ona dokunmadı. Ama o andan başlayarak, üstünlüğünü kullandı kadın. Mersault'ya daha önce âşıklarının olduğunu söylemişti. Şimdiyse gereken kanıtları bulabilirdi.

Ertesi gün, alışkanlığının tersine, iş çıkışı Mersault'nun evine geldi. Onu uyurken buldu ve bakır yatağın ayakucuna, uyandırmaksızın oturdu. Adamın üzerinde yalnızca bir gömlek vardı ve çemrelenmiş kolları, adaleli, esmer önkolun beyaz renkteki iç bölümünün görülmesini sağlıyordu. Göğüs ve karnıyla aynı anda, düzenli biçimde soluk alıp veriyordu. Kaşları arasındaki iki kıvrım, ona, kendisinin çok iyi tanıdığı bir güç ve inatçılık anlamı veriyordu. Saçları kıvrımlar halinde koyu esmer alnına dökülüyor, aralarında da bir damar kabarıyordu.

Geniş omuzları, gövdesi boyunca uzanmış kolları ve yarı kıvrılmış bir bacağıyla, uyurken yabancı bir dünyaya bırakılmış, yalnız ve dik başlı bir tanrıya benziyordu. Kız, dolgun ve uykuyla şişmiş dudaklarına bakınca adamı arzuladı. Adam, tam o anda gözlerini araladı, ardından yeniden kapayarak, kızgınlıktan uzak bir sesle söylendi.

"Uyurken bana bakılmasından hoşlanmam."

Kız boynuna sarıldı onun, öptü. Adam devinimsiz kaldı.

"Aman şekerim, yine mi kapris!"

"Bana şekerim deme, istersen. Sana bunu daha önce de söylemiştim."

Kız yanına uzandı ve ona yandan baktı.

"Böyle, kime benzediğini düşünüyordum."

Adam pantolonunu çekti ve ona sırtını döndü. Marthe sık sık sinemada, tiyatroda gördüğü yabancı kişilerde, Mersault'nun davranışlarını ya da tiklerini bulurdu. Adam bundan, kızın üzerinde bir etki bıraktığı sonucunu çıkarırdı, ama çok zaman hoşuna giden bu durum, bugün sinirlendiriyordu onu. Marthe sırtına yapıştı onun ve uykusunun tüm sıcaklığını karnına, göğüslerine çekti. Akşam çok çabuk çöküyor ve oda gölgeler içinde yitip gidiyordu. Apartmandan dayak yiyen çocukların ağlamaları, bir kedi miyavlaması ve hızla çarpılan bir kapı sesi geliyordu. Sokak lambaları balkonu aydınlatıyordu. Tramvaylar geçiyordu tek tük. Onlardan sonra, ağır dalgalar halinde, mahallenin anason ve ızgara etten oluşan kokusu doluyordu odaya.

Marthe uykusunun bastırdığını hissetti.

"Kızgın gibisin," dedi. "Daha dün... buraya bunun için geldim. Bir şey demiyor musun?" Sarstı onu. Mersault kımıltısız durdu, şimdiden yoğunlaşmış karanlığın içinde tuvalet masasının altındaki bir ayakkabının parlayan eğrisine bakıyordu.

"Biliyor musun," dedi Marthe, "dünkü adam var ya, abartmıştım, âşığım olmadı o benim."

"Olmadı mı," dedi Mersault.

"Senin anlayacağın, bütünüyle olmadı."

Bir şey söylemiyordu Mersault. Davranışları, gülümseyişleri eksiksiz biçimde görüyordu... Dişlerini sıktı. Sonra kalktı, pencereyi açtı ve dönüp yatağın üzerine oturdu. Kız ona sokuldu, elini gömleğinin iki düğmesi arasından geçirdi ve göğüslerini okşadı.

"Kaç âşığın oldu?" dedi sonunda.

"Canımı sıkıyorsun."

Sustu Mersault.

"Bir düzine," dedi kız.

Uyku sigarayı çağrıştırıyordu Mersault'ya.

"Onları tanıyor muyum?" dedi paketini çıkarırken.

Karanlıkta Marthe'ın yüzü yerine bir beyazlık görüyordu yalnızca. "Sevişirkenki gibi," diye düşündü.

"Kimilerini evet. Mahalleden."

Başını onun omzuna dayıyor; sesi, Mersault'yu her zaman yumuşatan küçük bir kız sesi oluyordu.

"Dinle, küçük," dedi... (Sigarasını yaktı.) "Anla beni. Bana onların adlarını söyleyeceğine dair söz ver. Ötekileri, tanımadıklarımı da karşılaştığımızda bana göster."

Marthe geriye çekildi.

"Hayır olmaz!"

Odanın pencerelerinin altında, birdenbire bir klakson sesi duyuldu, sonra bir... ve iki kez daha, uzun uzun. Gecenin içinde tramvayın düdüğü çınladı. Tuvalet mermerinin üzerindeki çalar saatin sevimsiz bir tiktakı vardı. Mersault güçlükle, "Senden bunu kendimi tanıdığım için istiyorum," dedi. "Bilmezsem, karşılaşacağım herkesi onlardan biri sanacağım. Aklıma takılacak, kurup duracağım. Böyle işte. Boyuna kuracağım. Bilmem anladın mı?"

Çok iyi anlıyordu kız. Adları saydı. İçlerinden yalnız biri yabancı geliyordu Mersault'ya. Sonuncusu, tanıdığı bir delikanlıydı. Onu düşünebiliyordu, çünkü iyi tanıyordu, kadınların beğendiği biriydi. Sevişmede ona şaşırtıcı gelen şey, en azından ilk seferinde kadının razı olduğu korkunç içli dışlılık ve kendi karnı üzerine yabancı birinin karnının yapışmasını kabul etmesi olayıydı. Bu tür kendini koyverme, bırakma ve sarhoşlukta, aşkın coşturucu ve iğrenç gücünü görüyordu. Ve Marthe'la âşığı arasında onu öncelikle düşündürten şey de, bu içli dışlılıktı. Tam o sırada yatağın ucuna oturdu kız, sol ayağını sağ oyluğunun üzerine koyarak ayakkabılarının önce birini, sonra ötekini çıkarıp fırlattı; biri yatık, öteki yüksek ökçesi üzerine dik düştü ayakkabıların. Boğazının sıkıldığını hissetti Mersault. Bir şey içini oyuyordu.

"René'yle de böyle yapıyordun değil mi?" dedi gülümseyerek.

Marthe gözlerini kaldırdı.

"Kafana takacak ne var," dedi. "Ancak bir kez âşığım oldu o."

"Ya," dedi Mersault.

"Hem ayrıca ayakkabılarımı bile çıkarmamıştım."

Ayağa kalktı Mersault. Buna benzer bir yatağın üzerinde giysileriyle uzanmış, kendini bütünüyle ve sakınımsız vermiş olarak gözünün önüne getiriyordu onu. "Kapa çeneni!" diye bağırdı ve pencereye doğru yürüdü.

"Aman tatlım!" dedi Marthe, çoraplı çıplak ayakları zeminde, yatağa oturmuş olarak.

Mersault, lamba ışıklarının raylar üzerindeki oyununa bakarak dinginleşiyordu. Hiçbir zaman Marthe'a bu kadar yakın hissetmemişti kendisini. Bu arada, anlamak için ona biraz daha açılıyor, gururu gözlerini yakıyordu. Kıza döndü, boynun ılık derisini tuttu. Gülümsedi.

"Ya şu Zagreus," dedi. "Bir tek onu tanımıyorum."

"O mu," dedi Marthe gülerek, "onu hâlâ görüyorum."

Mersault, parmaklarının altındaki teni sıktı.

"O, benim birincimdir, anlıyorsun ya. Çok gençtim. O benden biraz daha yaşlıydı. Şimdiyse iki bacağı da kesik. Yapayalnız yaşıyor. Ben de ara sıra onu görmeye gidiyorum. Çok iyi ve bilgili bir adamdır. Sürekli okur. O sıralar öğrenciydi. Çok neşelidir. Sözün kısası, örnek biridir. Ayrıca senin gibi konuşur. Bana, 'Buraya gel görüntü,' der."

Düşündü Mersault. Gözlerini kapayıp yatağın üzerine devrilmiş olan Marthe'ı bıraktı. Bir süre sonra yanına oturdu ve aralık dudaklarının üzerine abanarak onun hayvansal kutsallığının belirtilerini, çirkin olarak tanımladığı bir acının unutuluşunu aradı. Ama daha ileriye gitmeden kızın ağzından ayrıldı.

Kendisini uğurlarken, Marthe ona, Zagreus'tan söz etti. "Ona seni anlattım," dedi. "Sevgilimin çok yakışıklı ve güçlü olduğunu söyledim. Bunun üzerine bana seni tanımaktan hoşnut olacağını söyledi. Çünkü, 'Güzel bir gövdeyi görmek, soluk almamda bana yardımcı olur,' diyordu."

"Kafası karışığın biri daha," dedi Mersault.

Marthe ona zevk vermek istiyordu ve kurduğu, birkaç açıdan onun için zorunlu olduğunu düşündüğü, küçük kıskançlık sahnesini oynama zamanının geldiğine inandı.

"Hayır, senin dostlarından daha karmaşık değil."

"Hangi dostlar," dedi Mersault, gerçekten şaşırarak.

"Küçük aptallar, bilmiyor musun?"

Küçük aptallar dediği, Tunuslu yükseköğrenim öğrencileri Rose'la Claire'di; Mersault'nun tanıdığı ve yaşamının tek iletişimini sürdürdüğü kişiler. Gülümsedi ve

Marthe'ı ensesinden yakaladı. Uzun süre yürüdüler. Marthe işçi mahallesinin yanında oturuyordu. Yol uzundu, yukarıdaki pencerelerin tümünde ışıklar parlıyordu, oysa aşağısı, bütün mağazaları kapatılmış, karanlık ve hüzün vericiydi.

"Söyle sevgili, onları sevmiyorsun değil mi, o küçük aptalları?"

"Yoo, hayır," dedi Mersault.

Yürüyorlardı, Mersault'nun Marthe'ın ensesindeki elini saçların sıcaklığı basmıştı.

"Beni seviyor musun?" dedi Marthe durduk yerde.

Mersault canlandı birden, kahkahayla güldü.

"İşte çok ciddi bir soru."

"Yanıt versene."

"Ama canım, bizim yaşımızda insan sevmez ki. Karşılıklı hoşlanma vardır, hepsi bu. Daha sonra, yaşlandığımız ve güçsüz düştüğümüzde sevebiliriz. Bizim yaşımızdayken insan sevdiğini sanır. Hepsi bu, daha ne olsun!"

Kız hüzünlenmiş göründü, ama Mersault öptü onu. "Görüşmek üzere sevgili," dedi kız. Mersault karanlık sokaklardan geriye döndü. Pantolonunun pürüzsüz kumaşının oyluk kaslarına değdiğini duyumsayarak hızlı hızlı yürüdü, Zagreus'u ve kesik bacaklarını düşündü. Onu tanıma isteği duydu, Marthe'tan kendisini tanıştırmasını istemeye karar verdi.

Mersault, Zagreus'u ilk gördüğünde sinirlendi. Zagreus'sa, aynı kadının iki âşığının o kadının önünde karşılaşmasının doğuracağı rahatsızlığı gidermeye çalıştı. Bu amaçla Marthe'a karşı "iyi kız" davranışlarında bulunup kahkahalarla gülerek, Mersault'yu suç ortağı yapmaya çalıştı. Direndi Mersault. Yalnız kalır kalmaz bunu Marthe'a da söyledi.

"Yarım porsiyonları sevmiyorum. Canımı sıkıyor.

Düşünmemi engelliyor. Hele böbürlenip duran yarım porsiyonları hiç sevmiyorum."

"Aman sen de," diye yanıt verdi anlamayan Marthe; "seni dinleyen olsaydı..."

Zagreus'un önceleri kızdığı diri gülüşü, daha sonra Mersault'nun dikkatini, ilgisini çekti. Ayrıca Mersault'yu etkileyen gizli kıskançlık, Zagreus'u görünce yitip gitmişti. Bütün masumluğuyla Zagreus'u tanıdığı zamanı anımsayan Marthe'a, şu öğüdü verdi:

"Boşa zaman harcama. Artık bacakları olmayan bir adamı kıskanamam. İkinizi azıcık birlikte düşünecek olsam, onu senin üzerinde iri bir solucan gibi görüyorum. O zaman, anlıyorsun ya, bu da beni güldürüyor. Boşuna yorulma meleğim."

Daha sonra Zagreus'un evine yalnız gitti. Beriki, hızlı ve çok konuşuyor, gülüyor, sonra susuyordu. Zagreus'un; kitapları, Fas işi bakırları, ateş ve ateşin çalışma masasının üzerinde duran Khmer Buda'sının sade yüzüne vuran yansımaları arasında oturduğu büyük odada, Mersault kendisini iyi hissediyordu. Zagreus'u dinliyordu. Sakat adamda dikkatini çeken şey, onun konuşmadan önce düşünüyor olmasıydı. Ayrıca dışa vurulmamış tutku, bu gülünç gövdeyi canlandıran coşkun yaşam, Mersault'nun kendisini tutmasına ve biraz bıraksa içinde dostluk olarak değerlendirebileceği bir şeylerin doğmasına yol açıyordu.

# Dördüncü bölüm

O pazar günü, öğle sonu, bol bol konuşup şakalaştıktan sonra, beyaz örtülere gömülmüş Roland Zagreus, ateşin yanındaki büyük döner koltuğunda sessiz oturuyordu. Mersault, kütüphaneye yaslanmış, pencerenin beyaz ipek perdelerinin arasından gökyüzüne ve kırlara bakıyordu. İnce, hafif bir yağmur altında yola çıkmış; erken gelmekten çekinerek, bir saat kırlarda dolaşmıştı. Hava kapalıydı, Mersault, rüzgârın sesini duymadan, küçük koyaktaki ağaçlarla yeşil yapraklı dalların sessizlik içinde büküldüklerini görüyordu. Yol yönünden büyük bir demir ve tahta gürültüsü içinde, bir süt arabası geçti. Hemen ardından şiddetli bir yağmur yağmaya başladı ve pencereleri su altında bıraktı. Camlar üzerinde yoğun bir yağı andıran bütün bu suyla, şimdi arabanın gürültüsünden daha çok duyulan atın toynaklarının uzak, anlamsız gürültüsü; boğuk ve ısrarlı sağanak, ateşin yanındaki bu vazo adam ve odanın sessizliği, bütün bunlar, sanki suyun ıslak ayakkabılarına ve soğuğun ince bir kumaşla iyi koruyamadığı dizlerine işlemesi gibi, ağır karakaygısı Mersault'nun yüreğine işleyen bir geçmiş görünümü kazanıyordu. Birkaç saniye önce buharlaşmış, şimdiyse buğudan, yağmurdan ayrı bir şey olarak aşağıya inen su, yüzünü hafif bir el gibi yıkamış, geniş, mor halkalarla çevrili gözlerini bütün çıplaklığıyla ortaya çıkarmıştı. Şimdi, derinliklerinden durmadan siyah bulutların geldiği, kimileri silinir silinmez yerlerini yenilerinin aldığı gökyüzüne bakıyordu. Pantolonunun kıvrımı kaybolmuş ve onunla birlikte de sıcaklık ve her doğal insanın kendisi için yaratılmış bir dünyada birlikte olduğu güven duygusu da yitmişti. Bu nedenle ateşe ve Zagreus'a yaklaştı; onun karşısına, yüksek şöminenin biraz uzağına ve hep gökyüzünü kollayarak oturdu. Zagreus ona baktı, gözlerini çevirdi, sol elinde tuttuğu kâğıt parçasını ateşe fırlattı. Bu gülünç davranışta, ancak yarısı var olan bu gövdenin görünüşünün insana verdiği sıkıntıyı duydu. Zagreus gülümsedi, ama bir şey söylemedi. Ansızın yüzünü ona çevirdi. Yalımlar, yalnızca sol yanağının üzerinde balkıyordu, ama sesinde ve bakışında sıcaklık yüklü bir şeyler vardı.

"Yorgun görünüyorsunuz," dedi.

Mersault utanarak, "Evet, canım sıkılıyor," diye yanıt verdi yalnızca. Bir süre sonra kalktı, pencereye doğru yürüdü ve dışarıya bakarak ekledi: "Evlenmek, intihar etmek ya da *Illustration*'a abone olmak istiyorum. Umutsuz bir davranış yani."

Öteki gülümsedi.

"Yoksulsunuz, Mersault. Bıkkınlığınızın yarısı buna dayanıyor. Öteki yarısıysa yoksulluğu saçma bir biçimde kabul etmenize."

Mersault hep sırtı ona dönük oturuyor ve rüzgâr altındaki ağaçlara bakıyordu. Zagreus eliyle bacaklarını örten örtüyü sıvazlıyordu.

"Biliyorsunuz. Bir adam her zaman gövdesinin gereksinimleriyle ruhunun isterleri arasında sağlayabildiği dengeyle değerlendirilir. Siz... siz kendinizi kötü değerlendirmektesiniz, Mersault. Kötü yaşamaktasınız. Barbarca." Başını Patrice'e çevirdi. "Araba kullanmayı seviyorsunuz, değil mi?"

"Evet."

"Kadınları da seviyorsunuz?"

"Güzellerini."

"İşte demek istediğim bu." Zagreus ateşe döndü.

Bir süre sonra, "Bütün bunlar..." diye başladı. Mersault döndü, ardında esneyen camlara dayanarak tümcenin sonunu bekledi. Zagreus susuyordu. Erkenci bir sinek camda titreşiyordu. Mersault geriye döndü, sineğin üzerini eliyle kapattı, sonra serbest bıraktı. Zagreus ona bakıyordu, sonra duraksayarak, şöyle dedi:

"Ciddiyetle konuşmasını sevmiyorum. Çünkü o zaman konuşulabilen tek şey oluyor: yaşamını doğrulama. Ama ben... ben gözlerimin önündeki kesik bacaklarımı doğrulayacak, haklı çıkaracak bir şey göremiyorum."

"Ben de," dedi Mersault geriye dönmeksizin.

Zagreus'un diri gülüşü patladı birdenbire. "Teşekkür ederim. Bana hiç yanılma payı bırakmıyorsunuz." Ses tonunu değiştirdi. "Ama katı olmakta haklısınız. Yine de size söylemek istediğim bir şey var." Ve ciddiyet içinde sustu. Mersault gelip onun karşısına oturdu.

"Dinleyin," diye yeniden başladı Zagreus, "ve bana bakın. Helaya gitmeme yardım ediyorlar. Sonra kıçımı yıkayıp kuruluyorlar. Daha da kötüsü, bunun için birilerine para ödüyorum. Ve onca inandığım bir yaşamı kısaltmak için hiçbir girişimde bulunmayacağım. Daha kötüsünü de, körlüğü, dilsizliği, düşünebileceğiniz her şeyi kabul ederdim; yeter ki içimde yalnızca o yoğun ve coşkun yalımı duyayım, yani kendi varlığımı, yaşayan beni!.. Hâlâ yanmama izin verdiği için yaşama teşekkür etmeyi düşünürüm yalnızca." Biraz soluksuz kalan Zagreus, arkaya kaykıldı. Şimdi görülebilen yeri çok azdı, örtülerin çenesi üzerinde bıraktığı morumsu bir yansıma yalnızca. Şöyle dedi o sırada: "Size gelince Mersault, haydi haydi, bu gövdenizle, biricik göreviniz, yaşamak ve mutlu olmaktır."

"Beni güldürmeyin," dedi Mersault. "Sekiz saat büroda çalışarak mı? Ah bir özgür olsaydım!"

Konuşurken canlanmıştı ve zaman zaman olduğu gibi, içini umut kaplamıştı, üstelik bugün kendisine yardım edildiğini hissettiğinden, daha bir güçlüydü. Sonunda güven verdiği için güven duyuyordu. Biraz sakinleşti, bir sigarayı ezmeye başladı ve usul usul konuştu yeniden: "Birkaç yıl önce, önümde her şey vardı, yaşamımdan, geleceğimden söz ediliyordu. Kabul ediyordum ben de. Hatta bunun için gerekenleri bile yapıyordum. Ama daha o zamandan her şey bana yabancıydı. Kendimi kişiliksizliğe, kimliksizliğe uygulamaktan başka kaygım yoktu. Mutlu ve 'karşı' olmamak. İyi açıklayamıyorum, ama siz anlıyorsunuz Zagreus."

"Evet," dedi öteki.

"Şimdi yine zamanım olsaydı... kendimi oluruna bırakmaktan başka bir şey yapmazdım. Bu durumda başıma gelen her şey, bir çakıltaşı üzerindeki yağmur gibi bir şey olurdu. Yağmur, taşı serinletir, ne güzel. Bir başka günse güneşten yanar taş. Mutluluğu tam olarak böyle bir şey gibi düşündüm."

Zagreus ellerini kenetlemişti. Sürüp giden sessizlikte, yağmur artmış ve bulutlar belirsiz bir sis içinde kabarmışlar gibi geldi. Gök sanki içeriye gölge ve sessizlik yükünü boşaltmış gibi, oda biraz daha karardı. Sakat adam dikkatli konuştu.

"Bir gövde her zaman layık olduğu en iyi durumdadır. Bu çakıltaşı ülküsüne gelince; onu güçlendirmek için bir yarı-tanrı gövdesine sahip olunması gerektiğini söyleyebilirim."

"Doğru," dedi Mersault biraz şaşırmış, "ama hiçbir şeyi abartmayalım. Çok spor yaptım, hepsi bu. Ve bir de tensel hazda çok ilerilere gidebilirim."

Zagreus düşündü.

"Olsun," dedi. "Bu sizin için daha iyi ya. Gövdesinin sınırlarını bilmek, gerçek önsezidir. Ayrıca bu önemli de değil. Kendimiz olmaya zamanımız yok. Ancak mutlu olmaya zamanımız var. Ama, siz şu kimliksizlik düşüncenizi bana açıklasanız, canınızı sıkar mı?"

"Hayır," dedi Mersault ve sustu.

Zagreus çayından bir yudum içti ve dolu fincanını bıraktı. Günde bir kez işemek istediği için çok az sıvı içiyordu. Her gün kendisine yapılan küçük düşürücü hizmet yükünü, istenç gücüyle azaltmayı başarıyordu hemen her zaman. "Küçük tutumluluklar değil. Bu da ötekiler gibi bir rekor," demişti bir gün Mersault'ya. Şömeniye ilk kez birkaç damla yağmur düştü. Ateş cızırdadı. Camlara vuran yağmur artıyordu. Bir yerlerde bir kapı çarpıldı. Karşı yolun üzerindeki otomobiller parlak sıçanlar gibi ilerliyordu. İçlerinden biri uzun uzun klakson çaldı; bu anlamsız ve iç karartıcı ses, vadinin içinde dünyanın ıslak alanlarını daha da genişletiyordu; öyle ki onun anısı, Mersault için sessizliğin ve şu gökyüzünün üzgünlüğünün bir bileşimi oldu.

"Bağışlamanızı dilerim Zagreus, ama uzun zamandır kimi şeyleri konuşmadım. Böyle olunca, bilmiyorum ya da iyi bilmiyorum. Yaşamıma ve onun gizli rengine baktığımda içimde gözyaşı titreşimi gibi bir şey oluşuyor. Şu gökyüzü gibi. Aynı anda hem yağmurlu hem güneşli, hem öğleüstü hem gece yarısı. Ah Zagreus! Öptüğüm o dudakları, yoksul çocukluğumu, kimi zaman beni sürükleyip götüren yaşam ve tutku çılgınlığını düşünüyorum. Aynı anda bunların tümüyüm ben. Beni tanımakta güçlük çekeceğiniz zamanlar olduğundan eminim. Mutsuzlukta sınırsızlık, mutlulukta ölçüsüzlük, bilmiyorum ne desem."

"Aynı anda birçok şeye birden mi umut bağlıyorsunuz?"

"Evet, ama amatörce değil," dedi Mersault tutkuyla. "İçimde acı ve sevincin yol alışını düşündüğüm her seferinde, çaldığım bölümün hepsinin en ciddisi, en yücesi, en coşturucusu olduğunu bilirim!"

Zagreus gülümsüyordu.

"Yapacak bir şeyiniz var öyleyse?"

Mersault şiddetle, "Kazanmak zorunda olduğum yaşamım var," dedi. "İşim; başkalarının katlandıkları, benimse dayanmaya çalıştığım şu sekiz saatler..."

Sustu ve o zamana kadar parmaklarının arasında tuttuğu sigarasını yaktı.

"Ve yine de," dedi kibritini söndürmeden önce, "yeterli gücüm ve sabrım olsaydı..." Kibritini üfledi, kömürlü ucu sol elinin tersi üzerine ezdi. "Yaşamın hangi aşamasına kadar varırdım, iyi biliyorum. Yaşamımı bir deney haline getirmezdim. Kendim, yaşamımın deneyi olurdum... Evet, hangi tutku bütün gücüyle beni doldururdu, biliyorum. Önceleri çok gençtim. Çevreye uyardım. Bugün nasıl davranacağımı, sevmeyi, acı çekmeyi anladım, gerçekte yaşamak budur, ama açık olunduğu ve yazgının, bir sevinç ve tutkular gökkuşağının biricik yansıması –bu herkes için böyledir– olarak kabul edildiği ölçüde yaşamaktır bu."

"Evet," dedi Zagreus, "ama çalışırken böyle yaşayamazsınız..."

"Hayır, çünkü başkaldırı durumundayım ve kötü olan da bu."

Zagreus sustu. Yağmur dinmişti, ama gökyüzünde gece, bulutlarla yer değiştirmiş, odayı şimdi hemen hemen karanlık kaplamıştı bütünüyle. Sakat adamla Mersault'nun parlayan yüzlerini ancak ateş aydınlatıyordu. Zagreus, uzun bir sessizliğin ardından Patrice'e baktı, yalnızca, "Sizi seven kişileri çok acı bekliyor," dedi ve Mersault'nun birden sıçraması üzerine şaşırarak durdu.

Beriki, başı karanlıkta, "Onların aşkı beni ilgilendirmez," dedi şiddetle.

"Doğru," dedi Zagreus, "benim saptamam da bu. Bir gün yalnız kalacaksınız, işte hepsi bu. Ama oturun ve beni dinleyin. Bana söyledikleriniz ilgimi çekti. Özellikle bir şey; çünkü o, insanlık deneyimimin bana öğrettiği her şeyi doğruluyordu. Sizi çok seviyorum Mersault. Ayrıca gövdenizden ötürü de. Bütün bunları size öğreten odur. Bugün bana öyle geliyor ki, sizinle açık yüreklilikle konuşabileceğim."

Mersault usulca oturdu ve yüzü sönmek üzere olan ateşin henüz kırmızılığını koruyan ışığına girdi. Pencerenin karesinde yün perdelerin ardındaki gecede birdenbire bir açılma gibi bir şey hissedildi. Camların ardında bir şey gevşiyordu. Odaya sütümsü bir ışıltı girdi ve Mersault, Buda yontusunun alaycı, ölçülü dudaklarıyla, bildik, kaçkın yüzler işlenmiş bakır eşyaların üzerinde, o çok sevdiği yıldızlı ve Ay'lı geceleri bulguladı. Gece sanki buluttan astarını yitirmiş gibiydi, dingin parıltısı içinde balkıyordu şimdi. Otomobiller yolda daha yavaş ilerliyordu. Küçük koyağın içinde birdenbire bir heyecan, kuşları uykuya hazırladı. Evin önünde ayak sesleri işitiliyordu ve dünya üzerinde bir sütü andıran bu gecede gürültüler daha geniş, daha seçik biçimde çınlıyordu. Kızıl yansılar saçan ateş, odanın çalar saatinin çarpıntısı ve odayı kuşatan bildik nesnelerin gizli yaşamı arasında, Mersault'yu, Zagreus'un söyleyeceklerini güven ve sevgiyle, bir başka yürekle algılamaya hazırlayan geçici bir şiir dokunuyordu. Mersault kendini koltuğunda biraz geriye alarak ve gökyüzünün karşısında, Zagreus'un garip öyküsünü dinledi.

"Şuna eminim ki," diye başladı Zagreus, "parasız mutlu olunamaz. İşin özeti bu. Basitliği de, coşumculuğu da sevmem. Kendime hesap vermekten hoşlanırım.

Dikkat ettim de, kimi seçkin çevrelerde paranın mutluluk için gerekmediğine ilişkin nüktemsi bir züppelik var. Bu aptallıktır, yanlıştır ve bir ölçüde korkaklıktır."

"Düşünün Mersault, şanslı doğmuş bir adam için mutlu olmak hiçbir zaman zor değildir. Nice sahte büyük insanın önemli yanlışı olan vazgeçme isteğiyle değil de, tersine, mutluluk isteğiyle, herkesin ortak yazgısını değerlendirmek yeterli. Yalnız zaman gerekiyor mutlu olmak için. Çok zaman. Mutluluk da uzun bir sabırdır zaten. Ve çoğu kez, para aracılığıyla zaman kazanmak gerekirken, yaşamımızı para kazanarak tüketiyoruz. Beni hiçbir zaman ilgilendirmemiş tek sorun budur. Bu kesin."

Durdu Zagreus, gözlerini kapadı. Mersault inatla gökyüzüne bakıyordu. Bir an, yolla kırların gürültüleri tek tek seçildi ve Zagreus, acele etmeksizin, yeniden konuşmaya başladı.

"Ah, zenginlerin çoğunda mutluluğun hiçbir anlam taşımadığını pek iyi bilirim! Ama bu sorun değil. Paraya sahip olmak, zamana sahip olmaktır. Bu görüşümde kararlıyım. Zaman satın alınır, her şey satın alınır. Zengin doğmak ya da zengin olmak; bu, hak edildiğinde, mutlu olmak için zamana sahip olmaktır."

Patrice'e baktı.

"Yirmi beş yaşımda, Mersault, duygusu, istenci ve mutluluk gereksinimi olan herkesin zengin olmaya hakkı olduğunu anlamıştım. Mutluluğun gerekliliği bana insan yüreğindeki soyluluk gibi görünüyordu. Benim gözümde her şey onun aracılığıyla haklılık kazanıyordu. Arı bir yürek yetiyordu bunun için."

Sürekli Mersault'ya bakan Zagreus, birden daha yavaş; sanki Mersault'yu belli dalgınlığından çekip çıkarmak istermiş gibi, soğuk ve sert bir sesle sürdürdü: "Yirmi beş yaşımda servet edinmeye başladım. Dolandırıcılık karşısında gerilemedim. Hiçbir şey karşısında gerilemeyecektim. Birkaç yıl içinde tüm nakit servetimi elde etmiştim. Düşünebiliyor musunuz Mersault, yaklaşık iki milyon. Dünya önümde açılıyordu. Dünyayla birlikte de, yalnızlık ve tutku içindeyken düşlediğim yaşam..." Bir süre sonra Zagreus, daha boğuk bir sesle konuştu: "Sahip olacaktım bu yaşama, Mersault, hemen ardından bacaklarımı alıp götüren kaza olmasaydı. Sonunu getiremedim... Şimdi de işte böyle. Anlıyorsunuz değil mi, eksiltilmiş bir yaşamı yaşamak istemedim. Yirmi yıldır param var elimde. Ama alçakgönüllüce yaşadım. Servetimin ancak bir bölümünü harcadım." Sert ellerini gözkapaklarının üzerinden geçirdi ve daha alçak bir sesle, "Yaşamı hiçbir zaman bir sakatın öpücükleriyle kirletmemek gerekir," dedi.

Bu sırada Zagreus şömineye değmekte olan küçük sandığı açtı ve kararmış büyük bir çelik kasayla anahtarını gösterdi. Kasanın üzerinde beyaz bir mektupla kocaman, siyah bir tabanca vardı. Mersault'nun istemeden uzanan meraklı bakışına, Zagreus bir gülümsemeyle yanıt vermişti. Durum çok basitti. Yaşamını yok edecek trajediyi yoğunlukla duyduğu günlerde, tarihi atılmamış ve ölme isteğini dile getirdiği mektubu kendi önüne koyuyordu. Sonra silahı masaya bırakıyor, tabancayı yaklaştırıp alnını ona yapıştırıyor, şakaklarını sürtüyor, demirin soğukluğu üzerinde yanaklarının ateşini yatıştırıyordu. Parmakları tetik boyunca dolaşarak, emniyeti elleyerek; dünya çevresinde susuncaya, şimdiden yarı uykulu olan bütün varlığı, içinden ölümün çıkabileceği soğuk, pis bir demirin duyumu içinde büzülünceye kadar, uzun süre böyle kalıyordu. Ölümün saçma kolaylığını fark etmesi için mektubuna tarih atmasının ve tetiği çekmesinin yeterli olacağını hissedince, yaşamı olumsuzlamasının ne anlama geldiğini bütün dehşeti içinde ona göstermeye yetecek ölçüde canlı oluyordu imgelemi; Zagreus, saygınlık ve sessizlikle, bütün o yanma arzusunu, daldığı yarı uykusuyla birlikte götürüyordu. Sonra birden canlanarak, ağzı acı bir tükürükle dolu, silahın namlusunu yalıyor, dilini içine sokuyor ve sonunda olanaksız bir mutlulukla hırıldıyordu.

"Yaşamımı berbat ettim hiç kuşkusuz. Ama haklıydım o sırada: Her şey mutluluğun lehine, bizi budalalığıyla, şiddetiyle kuşatan dünyanın aleyhine." Sonunda güldü Zagreus ve ekledi: "Düşünüyor musunuz Mersault, uygarlığımızın tüm aşağılığı ve acımasızlığı, mutlu halkların tarihi olmadığını ileri süren anlamsız bir aksiyomla ortaya konuyor."

Vakit epeyce geçti şimdi. Mersault durumu zorlukla değerlendirebiliyordu. Başı ateşli kışkırtılarla dolup taşıyordu. Ağzında içtiği sigaraların sıcaklığı ve acılığı vardı. Çevresindeki ışık onunla hep suç ortaklığı içindeydi. Öyküsünün başından beri ilk kez Zagreus'tan yana baktı.

"Anladığımı sanıyorum," dedi.

Sakat adam, harcadığı uzun çabadan yorgun düşmüş, boğuk boğuk soluk alıyordu. Bir sessizlikten sonra, güçlükle konuştu yine de.

"Anladığınızdan emin olmak isterdim. Söylediğimden, paranın mutluluk getirdiğini çıkarmayın. Yalnızca şunu demek istiyorum: Kimi tür insanlar için mutluluk mümkündür (zamana sahip olmak koşuluyla) ve paraya sahip olmak paradan kurtulmak demektir."

Sandalyesinin üzerine, örtülerin altına sıkışmıştı. Gece kendi üzerine kapanmıştı ve şimdi Mersault hemen hemen Roland'ı göremiyordu artık. Uzun bir sessizlik oldu, yeniden ilişki kurmak isteyen Patrice, karanlıktaki adamın varlığından emin olmak için ayağa kalkarak, el yordamıyla, "Atılmaya değer güzel bir tehlike," dedi.

"Evet," dedi öteki, boğuk bir biçimde. "Bu dünya

üzerine bahse girmek, diğerine göre daha iyidir. Benim içinse kuşkusuz durum daha farklı."

"Bir paçavra," diye düşündü Mersault. "Dünya içinde bir sıfır."

"Yirmi yıldır belli bir mutluluk deneyimim olmadı. Beni yiyip yutan bu yaşamı bütünüyle tanıyamadım; ölümde beni korkutan, yaşamımın bensiz tüketilmiş olduğu yolunda bana getireceği kesinliktir. Bir kıyıda, herkesten uzakta, anlıyor musunuz?"

Beklenmedik, çok diri bir gülüş yükseldi karanlıktan.

"Demek ki Mersault, aslında bu durumda bile hâlâ umut içindeydim."

Masaya doğru birkaç adım attı Mersault.

"Bütün bunları düşünün," dedi Zagreus, "bütün bunları düşünün."

Öbürü yalnızca, "Işığı yakabilir miyim," dedi.

"Lütfen."

Roland'ın burun kanatlarıyla yuvarlak gözleri, parlayan ışıkta daha solgun çıktı ortaya. Güçlükle soluk alıyordu. Mersault'nun elini kendisine uzatmasına, başını sallayarak ve kahkahayla gülerek yanıt verdi. "Beni fazla ciddiye almayın. İnsanların kesik bacaklarım karşısında takındıkları trajik hava canımı sıkar hep, bilirsiniz."

"Benimle alay ediyor," diye düşündü öteki.

"Trajiği mutluluğa yeğlemeyin. Bunu iyi düşünün, Mersault, sizin arı bir yüreğiniz var. Bunu iyi düşünün." Sonra gözlerinin içine baktı ve bir süre sonra, "Ve sizin iki bacağınız da yerinde, bu hiçbir şeyin çirkinleşmemesini sağlar," dedi.

Gülümsedi o sırada ve bir çıngırağı salladı.

"Gidin artık, küçüğüm, benim çişim geldi."

# Beşinci bölüm

O pazar akşamı evine dönerken, Mersault'nun bütün düşüncesi Zagreus'a yönelikti; odasına girmeden önce fıçıcı Cardona'nın odasından gelen inlemeleri işitti. Kapıyı çaldı. Yanıt alamadı. Yakınmalar sürüyordu. Duraksamadan içeri girdi. Fıçıcı tortop olup yatağına uzanmış, taşkın çocuk hıçkırıklarıyla ağlıyordu. Ayaklarının ucunda yaşlı bir kadının fotoğrafı vardı. Büyük bir çaba harcayarak, "Öldü!" dedi Mersault'ya. Doğruydu, ama bundan çok zaman önce olmuştu bu.

Sağır, yarı dilsiz, kötü ve kaba bir adamdı Cardona. O zamana kadar kız kardeşiyle yaşamıştı. Ama onun kötülük ve zorbalığından bıktığı için çocuklarının yanına sığınmıştı kadın. O da yalnız kalmıştı, ilk kez ev işlerini yapmak, yemeğini hazırlamak zorunda kalan bir adamın şaşkınlığı, ne yapacağını bilmezliği içindeydi. Kız kardeşi bir gün sokakta karşılaştıklarında Mersault'ya aralarındaki kavgaları anlatmıştı. Cardona otuz yaşında, ufak tefek, yakışıklıca bir adamdı. Çocukluğundan bu yana annesiyle yaşamıştı. Kendisine daha çok boş inançlara dayanan kimi korkular duyuran tek insan oydu. Onu, yontulmamış ruhuyla, yani, aynı anda kabalık ve coşkunlukla sevmişti; sevgisini de, en iyi biçimde, büyük çabalar harcayıp papazlar ve kilise üstüne en kötü sözleri söyleyerek, yaşlı kadını kızdırarak ortaya koyardı. Uzun süre annesiyle birlikte kaldıysa, bu, aynı zamanda, hiçbir kadında ciddi bir bağlanma duygusu uyandırmadığındandı. Seyrek serüvenler ya da genelevler, onun kendisini bir erkek olarak görmesine yeterli oluyordu yine de.

Annesi öldü. O günden sonra kız kardeşiyle yaşadı. Mersault onlara oturdukları odayı kiraya vermişti. İkisi kendi başlarına sıkıntı çekerler, uzun, kirli ve siyah bir yaşamı sürüklerlerdi. Birlikte güçlükle konuşabilirlerdi. Bu yüzden tek sözcük konuşmadan günler geçirdikleri olurdu. Ama gitmişti kız kardeşi. Yakınmayacak, ondan, geriye dönmesini istemeyecek kadar gururluydu. Yalnız yaşardı o da. Sabahları lokantada, akşamları domuz etinden hazırlanmış yiyeceklerle, evde yerdi yemeğini. Çamaşırını ve kocaman mavi iş tulumlarını kendi yıkardı. Ama odasını kir pas içinde, yapış yapış bırakırdı. Yine de başlangıçta pazarları, kimi kez eline bir paçavra alır ve odanın içini biraz da olsa düzene koymaya çalışırdı. Ama erkeklere özgü bönlükler, sözgelimi, daha dün süslü püslü olan şöminenin üzerindeki bir tencere, her şeyin gelişigüzel durduğu bir bırakılmışlığı sergilerdi. Onun düzene koymak dediği, düzensizliği gizlemek, ortalıkta sürüklenen şeyleri yastıkların arkasına saklamak ya da en olmayacak eşyaları büfenin üzerine dizmekten ibaretti. Zaten, sonunda yorgun düşmüştü, yatağını bile yapmaz ve köpeğiyle birlikte kirli, pis kokulu örtülerin üzerinde yatardı. Kız kardeşi Mersault'ya, "Kahvelerde aldırmaz görünüyor. Ama ev sahibi kadın bana, çamaşırlarını yıkarken ağladığını söyledi," demişti. Şu bir gerçekti ki, ne kadar katılaşmış olursa olsun, bu adamı da kimi zaman bir yılgı kaplıyor ve ona, bırakılmışlığının boyutunu gösteriyordu. Elbette ki acıdığı için onunla yaşadığını söylüyordu kız kardeşi Mersault'ya. Ama Cardona ona sevdiği adamı görmesini yasaklıyordu. Oysa onların yaşında artık bunun büyük bir önemi yoktu. Evli bir adamdı sevdiği. Kendisine banliyölerin bahçelerinden derlediği çiçekler, fuardan kazandığı portakallar, likörler getirirdi. Yakışıklı değildi kuşkusuz. Ama güzellik salatayla yenmezdi ve üstelik adam öyle iyi biriydi ki. O ona, o da ona değer veriyordu. Bunun dışında bir şey midir, aşk? Kadın çamaşırını yıkıyor, onu temiz tutmaya çalışıyordu. Adamın üçgen katlanmış ve boynuna bağlanmış mendiller taşıma alışkanlığı vardı. Kadın ona bembeyaz mendiller hazırlıyordu ve bu onun sevinçlerinden biriydi.

Ama diğeri, erkek kardeşi, onun dostunu eve almasını istemiyordu. Onu gizlice görmesi gerekiyordu. Bir kez eve aldı. Gürültü patırtı koptu. Üç köşe katlanmış mendil, adamın gidişinden sonra odanın pis bir köşesinde kalmış ve kadın da oğlunun evine sığınmıştı. Mersault, gözlerinin önünde uzanan iğrenç odanın karşısında, bu mendili düşünüyordu.

O zaman, yine de, fıçıcının yapayalnız kalmasına acımıştı Mersault. Fıçıcıysa Mersault'ya bir evlilik olasılığından söz etmişti. Kendisinden yaşlı bir kadın söz konusuydu. Genç ve güçlü okşamaların umuduyla isteklenmişti kuşkusuz kadın... Ve bunlara evlenmeden önce kavuştu. Bir süre sonra kadını çok yaşlı bulduğunu söyleyen âşığı, tasarısından caydı. Ve mahalledeki bu küçük evde yalnız başına kaldı. Pislik yavaş yavaş çevresini sardı, kuşattı, yatağına dek ulaştı, sonra içinden çıkılmaz biçimde egemenliği altına aldı onu. Ev aşırı kirliydi. Evinden hoşlanmayan zavallı bir adam için daha içine girilebilir, zengin, aydınlık ve sürekli güler yüzlü olan bir başka ev vardır: kahve. Bu mahalledeki kahvelerse, özellikle cıvıl cıvıldı. Orada, yalnızlık ürküsü ve onun belirsiz özlemlerine karşı son sığınak olan bir sürünün sıcaklığı egemendi. Dilsiz adam oraya yerleşti. Mersault her akşam onu orada görürdü. O akşamlar sayesinde, dönüş anını olabildiğince geciktirirdi. O zamanlarda insanlar arasındaki yerini yeniden elde ederdi. O akşam kuşkusuz kahveler yetmemişti. Evine dönerek, o fotoğrafı çıkarmak zorunda kalmış ve onunla ölü geçmişin anılarını canlandırmıştı. Sevdiği, takılıp kızdırdığı kadını yeniden bulmuştu. İğrenç odada, yaşamının yararsızlığı karşısında yapayalnız, son güçlerini derleyip toplayarak geçmişinin, bir zamanki mutluluğunun bilincine varmıştı. En azından ona inanmak gerekirdi, ağlamaya koyulduğuna göre, o geçmişle şimdiki zavallılığının birleşmesinden Tanrısal bir ışık fışkırmıştı.

Yaşamın kaba görüntüleri karşısında bulunduğu her seferinde olduğu gibi, Mersault kendini güçsüz hissediyor ve bu hayvani acıya saygı duyuyordu. Kirli, kırış kırış örtülerin üzerine oturdu, elini Cardona'nın omzuna koydu. Önünde, masanın muşamba örtüsü üzerinde düzensiz biçimde bir gaz lambası, bir şişe şarap, ekmek kırıntıları, bir parça peynir ve bir araç gereç kutusu vardı. Tavanda örümcek ağları. Annesinin ölümünden sonra bu odaya hiç girmemiş olan Mersault, bu adamın içinde yaşadığı alanı kaplayan pisliği ve yapış yapış yoksulluğu ölçüp biçiyordu gözleriyle. Avluya bakan pencere kapalıydı. Öteki, yarı açık. Minyatür kart dizileriyle çevrili bir askıda duran gaz lambası, yuvarlak, dingin ışığını, masanın, Mersault'yla Cardona'nın ayaklarının, onların karşısında yükselen duvarın biraz berisindeki bir sandalyenin üzerine saçıyordu. Bu arada Cardona, fotoğrafı ellerine almış hâlâ bakıyor, öpüyor ve cılız bir sesle, "Zavallı annem," diyordu. Ama böyle acıdığı, kendisiydi. Kadın, Mersault'nun çok iyi bildiği, kentin diğer ucundaki iğrenç mezarlığa gömülmüştü.

Gitmek istedi Mersault. Sözlerinin anlaşılabilmesi için hecelerin üzerine basa basa konuştu.

"Böy-le yap-ma-ma-lı-sın!"

"İşsizim artık," dedi öteki zorlukla. Fotoğrafı uzatarak, kesik kesik, "Onu seviyorum," dedi. Mersault bunu, "Beni seviyordu"ya çevirdi. "Öldü." Mersault bundan şunu anladı: "Ben yalnızım." "Ona doğum günü için şu küçük fıçıyı yapmıştım." Şöminenin üzerinde, bakır halkalar ve parlayan bir musluk eklenmiş, ağaçtan, cilalı küçük bir fıçı vardı. Mersault, adamın omzunu bıraktı, Cardona kir pas içindeki yastıkların üzerine düştü. Yatağın altından derin bir soluk alış ve tiksindirici bir koku yükseldi. Böğürlerini çukurlaştırarak köpek çıktı usul usul. Uzun kulaklı, parlak gözlü başını, Mersault'nun dizlerine koydu. Mersault küçük fıçıya bakıyordu. Bu adamın parmaklarının altındaki köpeğin sıcaklığıyla güçlükle soluk aldığı iğrenç odada, uzun zamandır ilk kez içinde bir deniz gibi yükselen umutsuzluğun üzerine, gözlerini kapadı. Mutsuzluğun ve yalnızlığın karşısında yüreği, "Hayır!" diyordu bugün. Kendini sarıp sarmalayan büyük üzüntüyle, Mersault, başkaldırısının, içindeki tek gerçek ve arta kalanınsa yoksullukla gönül hoşluğu olduğunu hissediyordu. Dün penceresinin altında yaşamış olan sokak, bugün halen gürültülerle dolup taşıyordu. Terasın altındaki bahçelerden bir ot kokusu yükseliyordu. Mersault, Cardona'ya bir sigara verdi ve sigaralarını konuşmaksızın içtiler. Son tramvaylar geçti, onlarla birlikte insanların ve ışıkların hâlâ cıvıl cıvıl olan anıları. Cardona uyudu ve hemen az sonra, gözyaşlarına boğulmuş burnuyla horlamaya koyuldu. Mersault'nun ayaklarının ucunda bir yumak gibi tortop olmuş olan köpek kimi zaman kımıldıyor ve düşlerinin etkisiyle inliyordu. Her devinişinde kokusu Mersault'ya doğru yükseliyordu. Ona gelince; duvara dayanmış, yüreğindeki yaşamın başkaldırısını bastırmaya çalışıyordu. Lamba tütüyor, Mersault uyukluyordu, gözleri şarap şişesine dikilmiş olarak uyandı. Büyük bir çabayla ayağa kalktı, dipteki pencereye gitti ve kıpırtısız dikilmeye başladı. Gecenin yüreğinden kendisine doğru çağrılar ve sessizlikler yükseliyordu. Burada uyuklayan dünyanın sınırlarında, bir gemi uzun uzun, insanları yola çıkmaya ve yeni başlangıçlara çağırdı.

Ertesi gün, Mersault, Zagreus'u öldürüyor, evine dönüyor ve bütün bir öğleden sonra uyuyordu. Ateş içinde uyanıyordu. Ve akşam, sürekli yattığı için getirttiği doktor, gribe yakalandığını teşhis etti. Hastalanma haberi üzerine bürosundan gelen bir görevli onun izin dilekçesini götürdü. Birkaç gün sonunda da her şey yoluna girmişti: bir yazı, bir soruşturma. Her şey Zagreus'un davranışını doğruluyordu. Marthe, Mersault'yu görmeye geldi ve iç çekerek, "Öyle bir gün geliyor ki, insan olması gerektiği yerde olmak istiyor. Ama kimi kez yaşamak için, intihar etmekten daha çok cesaret gerekiyor," dedi. Bir hafta sonra, Mersault, Marsilya'ya gitmek üzere gemiye biniyordu. Herkesin gözünde Fransa'ya dinlenmeye gidiyordu. Marthe, Lyon'dan gönderilmiş bir ilişki kesme mektubu aldı ve onun yalnızca gururu kırıldı. Mersault aynı zamanda, Orta Avrupa'dan kendisine olağanüstü bir iş önerisinde bulunulduğunu bildiriyordu. Marthe postrestant aracılığıyla ona acısını bildirdi. Bu mektup; Lyon'a gelişinin ertesi günü ateşi birdenbire şiddetle yükselen ve Prag'a gitmek için bir trene atlayan Mersault'ya hiçbir zaman ulaşmadı. Oysa Marthe ona, Zagreus'un günlerce morgda kaldıktan sonra gömüldüğünü ve gövdesinin tabuta yerleştirilmesi için çok sayıda yastık gerektiğini bildirmişti.

İkinci kısım

# BİLİNÇLİ ÖLÜM

# Birinci bölüm

"Bir oda istiyordum," dedi adam Almanca.

Anahtarlar asılı bir tablanın önündeki otel görevlisi, geniş bir masayla holden ayrılıyordu. İçeriye giren, büyük, kül rengi yağmurluğu omuzlarına atılmış ve başını çevirerek konuşan adamı inceledi.

"Elbette, beyefendi. Bir gecelik mi?"

"Hayır, bilmiyorum."

"On sekiz, yirmi beş ve otuz kronluk odalarımız var."

Mersault, otelin camlı kapısının ardından görülen küçük Prag sokağına bakıyordu. Elleri ceplerinde, dağınık saçlı, başı açıktı. Birkaç adım öteden, Wenceslas Bulvarı'ndan inen tramvayların gıcırtıları işitiliyordu.

"Hangi odayı istersiniz, beyefendi?"

"Hangisi olursa olsun," dedi Mersault, bakışı hep camlı kapıya dikilmiş.

Görevli, tablanın üzerinden bir anahtar alıp Mersault'ya uzattı.

"12 No.'lu oda," dedi.

Mersault uyanır gibi oldu.

"Kaça bu oda?"

"Otuz kron."

"Çok pahalı. On sekiz kronluk bir oda istiyordum."

Adam tek sözcük söylemeden yeni bir anahtar aldı ve üzerinde "Oda No. 34" yazılı bakır bir yıldızı gösterdi.

Mersault odasında oturunca ceketini çıkardı, bağlanışını bozmaksızın kravatını biraz gevşetti ve farkında olmadan gömleğinin kollarını sıvadı. Lavabonun üzerindeki aynaya doğru ilerledi, yorgun çizgili ve birkaç günlük sakalının çıkmadığı yerlerde, biraz esmerleşmiş bir yüzle karşılaştı. Trenin hızla yol alışından darmadağın olmuş saçları, bakışına ciddi ve sevecen bir anlatım kazandıran kaşları arasındaki iki derin çizgiye dek, düzensiz bir biçimde alnına dökülüyordu; bundan etkilendi. Ancak o zaman tek mülkü olan yoksul odanın çevresine bakmayı düşündü ve gözü bu odadan başka hiçbir şey görmüyordu artık. Kül rengi bir zemine büyük, sarı çiçeklerin dokunduğu mide bulandırıcı bir halı üzerindeki bütün bir pislik coğrafyası, yoksulluğun yapış yapış evrenini simgeliyordu. Kocaman radyatörün arkasında yağlı ve çamurlu köşeler bulunuyordu. Ayar anahtarı kırılmış ve bakır bağlantı yerleri açığa çıkmıştı. Ortadaki incecik yatağın üzerinde, eski sinek pisliklerinin kuruduğu, kirle cilalanmış bir ipin ucunda, abajursuz ve parmaklara yapışan bir ampul sallanıyordu. Mersault çarşafları inceledi, temizdiler. Valizden temizlik eşyalarını aldı ve birer birer lavabonun üzerine yerleştirdi. Sonra ellerini yıkamaya hazırlandı, ama açar açmaz musluğu kapattı ve perdesiz pencereyi açmaya gitti. Pencere, genel çamaşırhanesi bulunan bir arka avluya ve üzerinde küçük pencere deliklerinin yer aldığı duvarlara bakıyordu. Küçük pencerelerden birinde çamaşırlar kuruyordu. Mersault yattı ve hemen uyudu. Ter içinde, göğsü bağrı açık uyandı ve bir süre odasının içinde dolaştı. Sonra bir sigara yaktı ve oturduğu yerden, boş kafayla, buruşuk pantolonunun kırışıklıklarına baktı. Ağzında uykuyla sigaranın acılığı birbirine karışıyordu. Gömleğinin altından kaburgalarını kaşırken bir kez daha odasına baktı. Böylesi bir yüzüstü bırakılmışlık ve yalnızlık karşısında, ağzına korkunç bir tatlılık doluyordu. Kendini her şeyden, kendi ateşinden bile bunca uzakta hissedip en iyi hazırlanılmış yaşamların temelinde saçmanın, bayağının bulunduğunu açık seçik biçimde hissedince, gözlerinin önünde bu odada, kuşku ve belirsizlikten doğan garip bir özgürlüğün utangaç, gizli yüzü yükseliyordu. Çevresinde gevşek, yumuşak saatler ve bütünüyle zaman, çamur gibi çalkalanıyordu.

Şiddetle kapı çalındı, davranan Mersault, benzer vuruşlar yüzünden uyanmış olduğunu anımsadı. Açtı ve kendisinin, olduğundan büyük görünen iki valizinin altında ezilmiş gibi duran, kırmızı kıllı, ufak tefek, yaşlı bir adamı karşısında buldu. Öfkeyle soluyordu, seyrek dişlerinin arasından sövgüler, yakınmalarla şişmiş bir salya akıyordu. Mersault o sırada büyük valizinin sapının, taşınmayı oldukça güçleştirecek biçimde kırık olduğunu anımsadı. Özür dilemek istedi, ama taşıyıcının bu kadar yaşlı biri olduğunu düşünemediğini nasıl söyleyeceğini bilemedi. Ufak tefek, yaşlı adam sözünü kesti.

"On dört kron."

"Bir günlük emanet ücreti için mi?" diye şaşkınlığını belirtti Mersault.

Bunun üzerine kendisine yapılan açıklamalardan, yaşlı adamın bir taksi tutmuş olduğunu anladı. Ama bu durumda valizi pekâlâ kendisinin de taşıyabileceğini söylemeye cesaret edemedi ve parayı bezginlikle ödedi. Kapı kapanınca Mersault boğazının açıklanamaz hıçkırıklarla dolduğunu hissetti. Çok yakındaki bir duvar saati dördü çaldı. İki saat uyumuştu. Anlamıştı, sokaktan yalnızca karşısındaki evle ayrılmıştı, orada akıp giden yaşamın boğuk ve gizemli taşkınlığını hissediyordu. Çıksa daha iyi olurdu. Ellerini uzun uzun yıkadı Mersault. Tırnaklarını törpülemek için yeniden yatağın kıyısına oturdu ve törpüleme işini düzenli bir biçimde yaptı. Avluda, iki ya da üç kez öyle hoyratlıkla klakson çalındı ki, Mersault pencereye koştu. Bunun üzerine evin altında kemerli bir geçidin bulunduğunu gördü. Sanki sokağın bütün sesleri; evlerin ötesindeki bilinmeyen bütün yaşam, bir adresi, bir ailesi, bir amcayla anlaşmazlıkları, sofrada yeğlediği şeyler, kronik bir rahatsızlığı olan adamların gürültüleri; kendine özgü kişilikleri olan insanların karmaşası; kalabalığın korkunç yüreğinden sonsuza dek ayrılmış büyük çarpıntılar gibi, geçidin içine giriyor ve Mersault'nun odasında baloncuklar biçiminde patlamak üzere, bütün avlu boyunca yükselmeye başlıyordu. Böylesine bir duyarlıkla, dünyadaki her yaşam belirtisine böylesine dikkat edince, Mersault kendisini yaşama açan derin çatlağı kavradı. Bir sigara daha yaktı ve ateş içinde giyindi. Ceketini düğmelerken sigara dumanı gözlerine kaçtı. Lavaboya döndü, gözlerini sildi ve saçlarını taramak istedi. Ama tarağı yitmişti. Yatarken saçları dağılmıştı, onları boşuna düzeltmeye çalıştı. Öndeki saçları yüzüne dökülmüş, arkadakiler de dimdik, öylece aşağı indi. Kendini daha da küçülmüş hissediyordu. Sokağa çıkınca, fark ettiği küçük geçidin girişini iyice öğrenebilmek için bir kez otelin çevresini dolandı. Geçit eski belediye alanına açılıyordu; Prag üzerine çöken ağır akşamda, belediye yapısıyla eski Tinsky Kilisesi'nin gotik kuleleri, karaltı halinde beliriyorlardı. Kalabalık bir topluluk, kemerli küçük sokaklarda dolaşıyordu. Mersault, önünden geçen kadınların her birinde, kendisini hâlâ o ince ve sevgi dolu yaşama oyununu oynayabileceğine inandıracak bakışı kolluyordu. Ama sağlığı yerinde insanların ateşli bakışlardan kaçınmak için doğal ve ustalıklı yöntemleri vardır. Tıraşı uzamış, saçı taranmamış, gözlerinde tedirgin bir hayvan ifadesi bulunan, pantolonu gömleğinin yakası gibi kırışmış olan Mersault, iyi dikilmiş bir takımın ya da bir araba direksiyonunun vereceği o görkemli güveni yitirmişti. Işık bakır rengine dönüşüyordu ve gün, alanın içinden görülen barok kubbelerin altını üzerinde oyalanıyordu halen. Kubbelerden birine yöneldi, kiliseye girdi ve eski kokuya yakalanarak bir bankın üzerine oturdu. Tonoz son derece karanlıktı, ama sütun başlıklarındaki altınlar, sütunlardaki oluklardan, meleklerle sırıtık azizlerin tombul yüzlerine kadar inen, yaldızlı ve gizemli bir su boşaltıyordu. Bir tatlılık, evet bir tatlılık vardı içeride, ama öylesine acıydı ki, Mersault kendisini eşiğe dar attı ve merdivenlerin üzerinde ayakta, gecenin şimdi daha bir serinlemiş olan havasını içine çekti, o havaya dalıp gitti. Bir süre sonra Tyn'in kuleleri arasından, duru ve çırılçıplak, ilk yıldızın parladığını gördü.

Ucuz bir lokanta aramaya koyuldu. Karanlık, ıssız sokaklara daldı. Gün boyunca yağmur yağmamış olmasına karşın yerler ıslaktı ve Mersault aralıklı kaldırım taşları arasındaki kara birikintilerden kaçınmak zorundaydı. Sonra ince usul bir yağmur çiselemeye başladı. *Narodni Politika* diye bağıran gazete satıcılarının sesleri oraya dek ulaştığına göre, işlek sokakların uzakta olmaması gerekirdi. Bu sırada yürüyüşüyle bir yuvarlak çiziyordu o. Durdu birden. Gecenin derinliğinden yabancı bir koku ulaştı kendisine. Sert ve ekşimsiydi; sıkıntının bütün boyutlarını uyandırdı içinde. Dilinin üzerinde, burnunun içinde, gözlerinde hissediyordu onu. Uzaktaydı, sonra sokağın köşesinde ve şimdi kararmış olan gökyüzüyle, yağlı yapışkan kaldırımlar arasındaydı, Prag gecelerinin kötü bir büyüsü gibi. Ona doğru ilerledi, gittikçe daha gerçek bir hal alıyordu, gövdesini kaplıyordu bütünüyle, gözlerinden yaşlar akıtıyor, onu korumasız bırakıyordu. Bir sokağın köşesine geldiğinde anladı: Yaşlı bir kadın sirkeye bandırılmış salatalıklar satıyordu ve

Mersault'yu yakalayan onların kokusuydu. Yoldan geçen biri durdu, ihtiyar kadının kâğıda sardığı bir salatalık satın aldı. Birkaç adım attı ve Mersault'nun önünde paketini açtı, dişlerinin bütün gücüyle salatalığı ısırdı, yarılan ve sular akıtan salatalığın kokusu bu kez daha güçlü yayıldı. Keyfi kaçan Mersault bir direğe dayandı, o dakikada dünyanın kendisine sunduğu yabancı ve yalnız olan her şeyi uzun uzun içine çekti. Sonra yürüdü, düşünmeksizin, içinden bir akordeon ezgisinin geldiği bir lokantaya girdi. Birkaç basamak indi, merdivenin ortasında durdu, kendisini kırmızı ışıklarla dolu, oldukça loş, küçük bir mahzende buldu. Akordeon daha yavaş çaldığına, söyleşiler kesildiğine ve müşteriler başlarını ona çevirdiğine göre, garip bir görünüşü olmalıydı. Bir köşede kızlar yağa bulanmış dudaklarıyla yemek yiyorlardı. Öbür müşteriler esmer ve tatlımsı Çekoslovak birası içiyordu. Pek çoğu da bir şey yiyip içmeden sigara tüttürüyordu. Mersault tek bir adamın oturduğu uzun bir masaya vardı. Adam, uzun ve ince, sarı tüylü; sandalyesine yığılmış, elleri ceplerinde, çatlak dudaklarını çoktan tükürükle şişmiş bir kibrit çöpünün üzerine bastırmış, rahatsız edici bir sesle çöpü emiyor ya da onu ağzının bir ucundan öbür ucuna geçiriyordu. Mersault oturunca, azıcık kımıldadı, duvara yaslandı, kibrit çöpünü gelenden yana çevirdi ve gözlerini belli belirsiz kıstı. O sırada Mersault onun yaka iliğinde kırmızı bir yıldız gördü.

Çok az ve çabuk yedi Mersault. Acıkmamıştı. Akordeon şimdi daha belirgin çalıyordu ve onu çalan adam, yeni gelene bakıyordu sabit bir biçimde. İki göz kırpış arasında, Mersault, bakışlarına bir meydan okuma anlamı yükledi ve onun bakışını yakalamaya çalıştı. Ama ateşi onu zayıf düşürmüştü. Adam sürekli ona bakıyordu. Birden, kızlardan biri bir kahkaha patlattı, yıldızlı adam kibritini şiddetle emdi ve orada küçük bir tükürük kabarcığı belirdi, müzisyense Mersault'ya bakmasına ara vermeden, çaldığı hızlı dansı keserek, fi tarihinden kalma ağır bir ezgiye başladı. O sırada kapı yeni bir müşterinin önünde açıldı. Mersault onu görmedi, ama bu açılmayla, hemencecik, sirke ve salatalık kokusu içeri girdi. Bu koku, birden; akordeonun gizemli ezgisine karışıp adamın kibriti üzerindeki tükürük kabarcığını şişirerek, söyleşileri daha anlaşılır kılarak, loş mahzeni doldurdu. Sanki Prag üstünde uyuyan gecenin sınırları gibi, yaşlı, kötü ve acılı bir dünyanın bütün anlamı, bu salonun ve bu insanların sıcaklığına sığınmaya gelmiş gibiydi. Çok şekerli bir marmelat yemekte olan Mersault, içindeki çatlağın çatırdadığını ve sıkıntısıyla ateşinin daha da yayıldığını hissetti. Hemen ayağa kalktı, garsonu çağırdı, onun açıklamalarından hiçbir şey anlamadı, yeniden müzisyenin gözlerinin sürekli açık ve kendi üzerine dikili olduğunu fark ederek, borcunun çok üzerinde bir para ödedi. Kapıya vardı, adamı geçti ve onun, sürekli kendisinin kalktığı masaya baktığını gördü. Böylece müzisyenin kör olduğunu anladı, merdivenleri tırmandı, kapıyı açarak, kendini tümden, hep var olan kokuya bırakıp kısa yollardan gecenin içine doğru ilerledi.

Evlerin üzerinde yıldızlar parlıyordu. Irmak kıyısında olmalıydı, çünkü onun boğuk ve güçlü ezgisini işitiyordu. İbranice yazılar dolu kalın bir duvarın üzerindeki küçük parmaklığın önünde, Yahudi mahallesinde olduğunu anladı. Duvarın üzerinden şeker kokulu bir söğüdün dalları sarkıyordu. Parmakların arasından otlara gömülü büyük, esmer taşlar görülüyordu. Prag'ın eski Yahudi mezarlığıydı burası. Mersault, birkaç adım ötede, eski, kent oteli alanında kendini koşarken buldu. Otelin yanında bir duvara yaslanmak zorunda kaldı, bir yanlışlık yapmadan odasını buldu, yattı ve hemen uyudu.

Ertesi gün gazete satıcılarının bağırtılarıyla uyandı.

Hava hâlâ kapalıydı, ama bulutların arkasında güneşin yeri kestirilebiliyordu. Her ne kadar biraz zayıfsa da, Mersault kendisini iyi hissediyordu. Ama başlamakta olan günün uzunluğunu düşünüyordu. Böyle kendi varlığı karşısında yaşamakla, zaman uzayabildiğince uzuyor ve günün her saati, ona içinde bir dünya barındırıyor gibi geliyordu. En iyisi, kenti belli bir yöntemle gezip görmekti. Pijamayla masaya oturdu ve haftanın günlerini teker teker içine alan dizgeli bir zaman kullanım planı hazırladı. Barok manastırlarla kiliseleri, müzelerle eski mahalleleri, hiçbir şeyi unutmadı. Sonra temizliğini yaptı, tarak satın almayı unutmuş olduğunu fark etti, bir önceki günkü gibi saçları dağınık ve suskun, aşağı inip otel görevlisinin önünden geçti; beriki onun güpegündüz dimdik dikilmiş saçlarını, şaşkın halini ve ceketinin ikinci düğmesinin eksik olduğunu gördü. Otelden çıkınca çocuksu ve tatlı bir akordeon ezgisine yakalandı. Kentin körü, eski alanın bir köşesinde, topukları üzerine çökmüş, aynı boş ve gülümseyen anlatımla, kendinden geçmiş ve kendini aşan bir yaşamın devinimine bütünüyle kapılmış gibi çalgısını çalıyordu. Yolun köşesinden döndü Mersault ve salatalıkların kokusunu yeniden buldu. Onunla birlikte de sıkıntısını.

O gün ve onu izleyen günler, hep birbirinin benzeriydi. Mersault geç vakit kalkıyor, manastırları, kiliseleri geziyor, onların mahzen ve günlük kokularından dayanak arıyor, sonra gün ışığına dönüyor, her köşe başında karşılaşılan salatalık satıcılarıyla, gizli korkusunu yeniden buluyordu. Müzeleri o kokunun arasından görüyor, Prag'ı altınlarıyla, görkemiyle dolduran barok dehanın zenginliğini ve gizemini anlıyordu. Alacakaranlığın içindeki sunakların üzerinde tatlılıkla parlayan yaldızlı ışık, Prag üzerinde sık sık görülen, sisten ve güneşten yapılma bakır kaplı bir gökten alınma gibi geliyordu ona. Süsleme kıvrımlarının, badem kurabiyelerinin satıldığı dükkân, yaldızlı kâğıttan yapılmış gibi duran karmakarışık çevre, Noel'de kurulan çocuk yuvalarına benzerliğiyle öyle duygulandırıcıydı ki, Mersault bunda, insanın kendi şeytanları karşısında kendini savunduğu ateşli, çocuksu ve tumturaklı bir romantizme benzer görkemlilik, gülünçlük ve barok düzenleme buluyordu. Burada insanların taptığı tanrı, denizle güneşin coşkun oyunları önünde insanla birlikte gülen değil; korkulan, saygı gösterilen bir tanrıydı. Loş tonozların altında egemenliğini sürdüren tozun ve hiçliğin ince kokusundan çıkınca, Mersault, kendisini yurtsuz buluyordu. Her akşam kentin batısında bulunan Çek keşişlerinin manastırlarına gidiyordu. Manastırın bahçesinde saatler güvercinlerle birlikte uçuyor, çanlar yavaşça otların üzerinde çalıyordu; ama Mersault'yla konuşan, ateşiydi hâlâ. Bu arada zaman da geçiyordu. Ama o sırada kiliselerle anıtların çoktan kapandığı, lokantalarınsa henüz açılmadığı bir saatti. Bu, tehlike demekti. Mersault gün biterken, bahçeler ve orkestralarla dolu Vltava kıyılarında geziniyordu. Küçük gemiler, bentten bende geçerek ırmakta yokuş yukarı yol alıyordu. Mersault da onlarla birlikte ilerliyor, bir tesviye havuzunun sağırlaştırıcı gürültüsünü, kaynamasını geride bırakıyor, yavaş yavaş akşamın dinginliğini buluyor, sonra bir gürlemenin, bir gürültü patırtıya dönüşmesini görmek üzere yeniden yürüyordu. Yeni bende gelince, küçük, renkli kayıkların boş yere devrilmeden bendi geçmeye çalışmalarına bakıyordu, ama içlerinden biri tehlikeli noktayı aşınca, bağırtı çağırtılar suların gürültüsünün üzerine çıkıyordu. Bağrışları, ezgileri, bahçe kokularını yüklenip aşağıya doğru akan; gurubun bakır renkli ışınlarıyla ve Charles Köprüsü'ndeki eciş bücüş, gülünç heykellerin gölgeleriyle dolu olan bütün bu su, içinde artık aşk payının bulunmadığı coşkusuz bir yalnızlığın acılı ve ateşli bilincini uyandırıyordu Mersault'nun içinde. Kendisine dek yükselen su ve yaprak kokusunun önünde, boğazı sıkılıyormuş gibi durarak, akmayan gözyaşlarını düşünüyordu. Bir dost ya da açılmış kollar yeterliydi. Ama gözyaşları, onun içine dalmış olduğu sevgisiz dünyanın sınırında duruyordu. Kimi zaman, Charles Köprüsü'nü geçerek, sürekli akşamın bu saatinde, ırmağın üst yanında, kentin en işlek sokaklarından birkaç adım ötede bulunan ıssız, dingin Hradschin Mahallesi'nde geziyordu. O büyük sarayların arasında dolaşıyor, katedralin çevresindeki titizlikle işlenmiş parmaklıklar boyunca, döşeme taşları kaplı geniş avlularda yürüyor, yürüyordu. Sarayların büyük duvarlarının arasında, adımları, sessizlik içinde çınlıyordu. Kentten ona kadar boğuk bir gürültü geliyordu. Bu mahallede hiç salatalık satıcısı yoktu, ama bu sessizlikle bu yücelikte boğucu bir şey vardı. Öyle ki Mersault, bundan böyle artık tüm yurdu olan kokuya ya da ezgiye doğru iniyordu sonunda hep. Yemeklerini, keşfetmiş olduğu ve hiç değilse biraz tanıdık duruma gelen lokantada yiyordu. Yalnızca akşamları gelen, bir yarımlık içen ve kibritini çiğneyen kırmızı yıldızlı adamın yanında yeri hazırdı. Akşam yemeklerinde, kör çalgıcı, sürekli çalgısını çalıyor; Mersault yemeğini acele yiyor, borcunu ödüyor ve tek bir gece bile eksik olmayan ateşli, çocuk uykusuna doğru oteline dönüyordu.

Mersault her gün gitmeyi düşünüyor ve her gün, kalakalmışlığa biraz daha daldığından, mutluluk isteği onu daha az yönetir duruma geliyordu. Dört gündür Prag'daydı ve her sabah yokluğunu hissettiği tarağı hâlâ satın almamıştı. Yine de içinde belirsiz bir eksiklik duygusu vardı ve belli belirsiz beklediği şey buydu. Bir akşam, ilk geldiği akşam kokuyla karşılaşmış olduğu küçük sokaktan lokantasına doğru yürüyordu. Lokantadan biraz beride çoktan o kokunun geldiğini hissediyordu ki, karşı kaldırımın üzerindeki bir şey onu durdurdu ve oraya çekti. Kaldırım üzerinde kolları birbirine kavuşmuş, başı sol yanına sarkmış bir adam yatıyordu. Bir şey bekliyormuş gibi, ama çok sakin bir biçimde, üç ya da dört kişi duvara yaslanmış duruyordu. Biri sigara içiyor, öbürleri alçak sesle konuşuyordu. Ama ceketi kolunda, fötr şapkası arkaya itili, gömlekli bir adam, gövdenin çevresinde Kızılderililerinki gibi aralıksız vurmalı ve rahatsız edici, yabanıl bir dansı taklit ediyordu. Uzaktaki sokak lambasının çok zayıf ışığı, birkaç adım ötedeki lokantadan gelen donuk ışıkla üzerinde birleşiyordu. Bu durmaksızın dans eden adam, bu kolları birbirine kavuşmuş gövde, bu dingin izleyiciler, bu alaycı çelişki ve bu yadırgatıcı sessizlikte, gölgeyle ışığın insanı biraz boğan oyunları arasında, sonunda hayran hayran izlemeyle suçsuzluktan oluşan, geçmiş bir denge dakikası vardı; o anda Mersault'ya her şey çılgınlık içinde yok olup gidecekmiş gibi geliyordu. Az daha yaklaştı. Ölünün başı kan içinde yüzüyordu. Baş tam yaranın üzerine gelecek biçimde dönmüş ve dinleniyordu şimdi. Prag'ın bu ıssız köşesinde, biraz kirli olan kaldırım üzerindeki seyrek ışıkla, birkaç adım öteden geçen otoların ıslak, uzun kaymaları ve aralıklarla duyulan uzak tramvay sesleri arasında, ölüm, yavan tadı ve üstelemesiyle ortaya çıkıyordu ve Mersault'nun uzun adımlarla, ardına bakmadan yürüdüğü anda hissettiği ölümün çağrısı ve ıslak soluğuydu. Unutmuş olduğu koku da birden gelip ona yapıştı. O da lokantaya girdi ve masasına oturdu. Adam oradaydı, ama kibritsiz. Mersault'ya onun bakışında değişik bir şey görüyormuş gibi geldi. Aklına gelen saçma düşünceyi kovdu. Ama her şey dönüyordu kafasında. Hiçbir şey ısmarlamadan kaçtı hemen, oteline dek koştu ve kendini yatağına attı. Sivri bir uç şakağını yakıyordu. Yüreği boşalmış ve karnı kasılmış, başkaldırısı patlıyordu. Yaşamının imgeleri gözlerine doluyordu. Kadın çalımlarından, açılan kollar ve ıslak dudaklardan sonra, içinde bir şey haykırıyordu. Prag'ın acılı gecelerinin derinliğinden, sirke kokuları ve çocuksu ezgiler içinde, ateşine eşlik etmiş olan yaşlı, barok dünyanın sıkıntılı yüzü yükseliyordu ona doğru. Zorlukla soluk alarak, kör gözler ve makineleşmiş davranışlarla yatağının üzerine oturdu. Gece masasının çekmecesi açıktı, içine bir makalesini okuduğu İngilizce bir gazete serilmişti. Sonra yatağına atıldı. Adamın başı yaranın üzerine dönmüştü ve bu yaraya parmaklar sokulabilirdi. Elleriyle parmaklarına baktı, yüreğinde çocuksu arzular kabarıyordu. Gözyaşlarıyla birlikte zorlu ve gizli bir coşku kabarıyordu içinde; yaraları kapatan yeşil akşamlar ile, güneş ve kadın dolu kentlerin özlemiydi bu. Gözyaşları patladı. Kurtuluşunun hüzünlü ezgilerinin yüzdüğü büyük bir yalnızlık ve sessizlik gölü genişliyordu içinde.

# İkinci bölüm

Kendisini kuzeye götüren trende Mersault ellerini inceliyordu. Hava fırtınalıydı, bu havada trenin akışı, ağır ve alçak bir bulut saldırısı gibiydi. Mersault bu aşırı sıcak vagonda yalnızdı. Geceleyin çarçabuk yola çıkmıştı ve şimdi loş sabahın önünde tek başına, ipeksi, büyük kavak ağaçları arasındaki yağmur beklentisi ile uzak fabrika bacalarının insanda bir ağlama arzusu uyandırdığı bu Bohemya görüntüsünün tatlılığının içine dolmasına izin veriyordu. Sonra üzerinde üç ayrı yazının bulunduğu beyaz levhaya bakıyordu Patrice: "*Nicht hinauslehnen; E pericoloso sporgersi*; Dışarı sarkmak tehlikelidir." Oradan dizleri üzerindeki, canlı ve yabanıl hayvanlara benzeyen elleri çekiyordu bakışlarını. Biri, solu, uzun ve çevikti; öteki şiş ve adaleli. Onları tanıyordu, çok iyi tanıyordu ve istencinin hiç katılmadığı eylemleri gerçekleştirecek kadar farklı hissediyordu hem de onları. Onlardan biri alnına dayanmaya ve şakaklarının zonklatan ateşini engellemeye geldi. Diğeri ceketi boyunca kaydı ve cebine bir sigara almaya indi, hemen geri fırlattı sigarayı: Kendisini güçsüz bırakan o kusma isteğinin farkına vardı. Elleri yeniden dizlerinin üzerine gelip kendilerini kapıp koyverdiler, kadeh biçimindeki avuç içleri, yeniden duyarsızlığa bürünen ve almak isteyecek olana sunulan yaşamının yüzünü sundular Mersault'ya.

İki gün boyunca yolculuk yaptı. Ama bu kez onu harekete geçiren bir kaçma içgüdüsü değildi. Bizzat bu koşunun tekdüzeliği doyuruyordu onu. Avrupa'nın yarısını baştan başa dolaşan vagon, kendisini iki dünya arasında tutuyordu. Onu almaktan geliyor ve bırakmaya gidiyordu. Arzunun kral olacağı yeni bir dünyanın eşiğine bırakmak üzere, anısının bile kalmasını istemediği bir yaşamın dışına çıkarıyordu. Bir kez olsun canı sıkılmadı Mersault'nun. Kendi köşesinde kalıyor, fazla rahatsız edilmiyor, ellerine, ardından dışarıdaki görüntüye bakıyor ve düşünüyordu. Yolculuğunu, gümrüklerde bilet değiştirme dışında başka çaba harcamadan, isteyerek Breslau'ya kadar uzattı. Biraz daha özgürlüğüyle baş başa kalmak istiyordu. Yorulmuştu, kımıldayacak gücünün kalmadığını hissediyordu. Gücünün ve umutlarının en küçük parçacıklarını topluyor, onları yoğunlaştırıyor, gruplandırıyor, kendi kendini ve bu arada gelecek yaşamını güçlendirmenin yoluna bakıyordu. Trenin kaygan raylar üzerinden aktığı bu geceleri; yalnızca saatin aydınlatıldığı küçük garlardan hışım gibi geçişi, fark edilir fark edilmez treni yutan ve zengin altın sarısını, ışığını, sıcaklığını kompartımanlara boşaltan büyük garların ışık yuvalarından önce birdenbire fren yapılmasını seviyordu. Çarklar üzerinde çekiçler çınlıyor, lokomotif buharlar içinde hırıldıyor, kırmızı levhayı indiren memurun robotsu davranışı Mersault'yu, içinde kendi bilinç ve endişesinin beklediği, trenin çılgın koşusunun peşi sıra koşturuyordu. Kompartımanda yeniden gölgeyle ışıklar oyunu, siyahla altın sarısının kavuşması. Dresden, Bautzen, Goerlitz, Liegnitz... Gelecek bir yaşamın davranışlarını oluşturmak için, dolu dolu zamanıyla, önündeki uzun gece boyunca, kendi kendisiyle tek başına, bir garın dönüşünde kaçıp giden düşünce ile bitmek bilmez savaşım, kendini yakalatıyor ve izletiyor, sonuçlarına kavuşuyor; sonra yağmur ve ışıklarla parlayan tellerin dansları önünde yeniden kaçıp gidiyor. Mersault, endişesinin gizlendiği yüreğindeki umudunu dile getirecek sözcüğü, tümceyi arıyordu. İçinde bulunduğu güçsüzlükte çözüm yollarına gereksinimi vardı. Gecesi ve gündüzü, söz ile, bundan böyle yaşama bakışının tüm rengi olacak olan imge ve geleceğini oluşturduğu duygulu ya da üzgün düş ile bu inatçı boğuşması içinde geçiyordu. Gözlerini yumuyordu. Yaşamak için zaman gerekir. Her sanat yapıtı gibi yaşam da üzerinde düşünmeyi gerektirir. Mersault yaşamını düşünüyor, bir tren kompartımanında çılgın bilinciyle mutluluk isteğini gezdiriyordu ve bu kompartıman o günlerde onun için, insanın kendisini aşan şeylerin arasından insanı tanımayı öğrendiği Avrupa'daki hücrelerden birine dönmüştü.

İkinci günün sabahı, tren, uçsuz bucaksız kırlardan geçmesine karşın, hissedilir biçimde yavaşladı. Breslau'ya birkaç saat vardı ve gün kapalı, yağmur dolu bir göğün altında, bir tek ağacın bulunmadığı yapış yapış çamurlu, uzun Silezya Ovası'nın üzerine açılıyordu. Parlak kanatlı, büyük, siyah kuşlar, bir kapak taşı gibi ağır gökyüzünün altında daha yükseğe çıkamayarak, göz alabildiğine ve düzenli aralıklarla, yerden birkaç metre yükseklikte kümeler halinde uçuyordu. Yavaş ve ağır bir uçuşla yuvarlaklar çizerek dönüyorlardı; kimi zaman aralarından biri kümeden ayrılıyor, toprağa girercesine yeri sıyırıyor, aynı kaba uçuşla, sonu gelmez biçimde, ufukta siyah bir nokta olarak kalıncaya kadar uzaklaşıyordu. Mersault, elleriyle camın buğusunu silmiş, parmağının cam üzerinde bırakmış olduğu uzun çizgilerden açgözlülükle dışarıya bakıyordu. Issız yerden renksiz gökyüzüne sevimsiz bir dünya imgesi yükseliyordu, bu imgenin içinde yeniden kendine dönüyordu Mersault. Suçsuzluğunun umutsuzluğuna indirgenmiş bu toprakta, ilkel bir dünyada yitmiş yolcu olarak bağlarını yeniden buluyor ve yumruğu göğsünde sıkılı, yüzü cama yapışmış durumda, kendisine doğru, içinde uyuyan yüceliklerin inancına doğru bir atılımı düşünüyordu. Bu çamura bulanmak, balçık aracılığıyla toprağa dönmek; sınırsız ovaya dikilip çamura batmış, kolları bir sünger ve kurum göğüne açılmış biçimde, yaşamın umut kırıcı ve görkemli simgesinin karşısındaymış gibi, içinde yeterince tiksindirici şey bulunan dünyayla dayanışmada olduğunu belirtmek, yaşamla, iyilik bilmezliğine, çirkefliğine varıncaya dek suç ortaklığı içinde olduğunu açıklamak istedi. İçinde kabaran sonsuz coşku, yolculuğunun başlangıcından beri ilk kez patladı. Gözyaşlarını ve dudaklarını soğuk cama bastırdı Mersault. Cam yeniden bulandı, ova gözden yitti.

Birkaç saat sonra Breslau'ya varıyordu. Kent, ona uzaktan bir fabrika bacaları ve katedral kuleleri ormanı olarak göründü. Yaklaşınca, tuğla ve siyah taştan yapıldığı ortaya çıkıyordu; kısa siperlikli şapkalar giymiş adamlar yavaş yavaş dolaşıyordu. Onları izledi, sabahı, açık bir kahvede geçirdi. Orada bir delikanlı armonika çalıyordu: ruhu dinlendiren hoş ve ağır bir budalalığın ezgileri. Mersault, bir tarak satın aldıktan sonra yeniden güneye inmeye karar verdi. Ertesi gün Viyana'daydı. Gündüzün bir bölümüyle bütün gece uyudu. Uyandığında ateşi bütünüyle düşmüştü. Kahvaltıda tıka basa rafadan yumurtalar ve taze krema yedi, içi hafifçe bulanmıştı; güneşle yağmurun birbirine girdiği bir sabah vakti dışarı çıktı. Viyana iç açıcı bir kentti: Görülecek hiçbir yeri yoktu. Çok büyük olan Saint Étienne Katedrali, canını sıkıyordu. Karşısındaki kahveleri ona yeğledi, akşamleyin de kanalın kıyısındaki küçük bir dans salonunu. Gündüz vakti, Ring boyunca, güzel vitrinler ile zarif kadınların gösterişleri arasında geziniyordu. Dünyanın en az doğal kentinde insanı kendisinden ayıran bu boş ve şatafatlı çevreden hoşlanıyordu bir an için. Ama kadınlar güzel, bahçelerde çiçekler iri ve göz alıcıydı. Mersault, günbatımında, Ring üzerinde, ortalıkta gezinen parıltılı ve basit kalabalığın arasında, anıtların tepesindeki taş atların kızıl akşam içindeki boşuna uçuşlarını seyrediyordu. Tam o sırada dostları Rose'la Claire'i anımsadı. Yola çıkışından beri ilk kez bir mektup yazdı. Aslında, bu kâğıdın üzerine boşalan, sessizlikten taşan şeydi.

Çocuklarım,

Size Viyana'dan yazıyorum. Nasıl olduğunuzu bilmiyorum. Ben yaşamımı gezerek kazanıyorum. Acı bir yürekle pek çok güzel şey gördüm. Burada güzellik yerini uygarlığa bırakmış. Ama dinlendirici. Kiliseleri ya da antik yerleri gezmiyorum. Ring üzerinde dolaşıyorum. Tiyatroların, görkemli sarayların üzerine akşam inince, taş atların, gurubun kızıllığına doğru körlemesine atılımı, yüreğime acı ve mutluluk karışımı garip bir duygu dolduruyor. Sabah rafadan yumurtalarla taze krema yiyorum. Geç kalkıyorum, otelde gönül okşayıcı davranışlarla karşılanıyorum, metrdotellerin dillerine bayılıyor, iyi yiyeceklerle tıka basa doyuyorum (ille de o taze krema). Görmeye değer şeyler ve güzel kadınlar var. Yalnızca gerçek bir güneş eksik.

Ne yapıyorsunuz? Hiçbir şeyin hiçbir yerde alıkoymadığı ve size bağlı kalan bu mutsuz adama kendinizden ve güneşten söz edin.

Patrice Mersault

O akşam, mektubu yazdıktan sonra dans salonuna döndü. Akşam eğlencesi için konsomatrislerden birini, Fransızca bilen, kendisinin de kötü Almancasını anlayan Helen'i tutmuştu. Sabahın ikisinde dans salonundan çıkarak, kadını evine götürdü, dünyanın en usulüne uygun sevişmesiyle onunla sevişti ve sabah kendisini yabancı bir yatakta, Helen'in sırtına yapışık durumda çıplak buldu, onun uzun kalçalarını, geniş omuzlarını ilgisizlik ve neşeyle seyretti. Uyandırmak istemeden yürüdü ve onun ayakkabılarından birisinin içine bir kâğıt para koydu. Kapıya varacağı sırada kendisine seslenildiğini işitti: "Ama yanlışlık yaptın tatlım." Yatağa geri geldi. Yanlışlık yapmıştı gerçekten de. Avusturya parasını iyi tanımadığından, yüz şilin yerine beş yüz şilin bırakmıştı. "Hayır," dedi gülümseyerek, "bu senin için. Çok iyiydin." Helen'in dağınık sarı saçlarının altındaki kırmızı benekli yüzü, bir gülümsemeyle aydınlandı. Birden yatağın üzerinde ayağa kalktı ve yanaklarından öptü onu. Kuşkusuz ilk kez yürekten gelerek verilen bu öpücük Mersault'nun yüreğinde bir coşku atılımı yarattı. Yatırdı onu, üzerini örttü, kapıya vardı ve gülümseyerek baktı. "Elveda," dedi. Öbürü, burnuna kadar çekilmiş çarşafın üzerinden, gözlerini iri iri açtı ve söyleyecek söz bulamadan, gitmesine göz yumdu.

Birkaç gün sonra, Mersault, Cezayir damgalı bir yanıt mektubu aldı.

Sevgili Patrice,

Biz Cezayir'deyiz. Çocuklarınız sizi yeniden görmekten çok mutlu olacaklar. Eğer hiçbir şey sizi hiçbir yere bağlamıyorsa, o zaman Cezayir'e gelin, sizi evde barındırabiliriz. Biz mutluyuz. Biraz da utançlı elbet, ama bu daha çok, öyle gerektiği için. Biraz da boş inançlar yüzünden. Eğer size göre bu mutlu olmak demekse, buraya onu denemeye gelin. Uzatmalı çavuş olmaktan iyidir yine de. Alınlarımızı sizin babacan öpücüklerinize uzatıyoruz.

Rose, Claire, Catherine

P.S. – Catherine babacan sözcüğüne karşı çıkıyor. Bizimle yaşıyor Catherine. Ve eğer isterseniz, sizin üçüncü kızınız olacak.

Cenova yoluyla Cezayir'e dönmeye karar verdi. Başkalarının da büyük kararlarını almadan, bir yaşamın çok önemli bölümünü oynamadan önce, yalnızlığı gereksindiği gibi, yalnızlık ve yabancılıkla ağulanmış olan Mersault da, oyununa başlamadan önce dostluğa ve güvenliğe sığınmak, belli bir güven duymak istiyordu.

Onu Kuzey İtalya'nın ortalarından Cenova'ya doğru götüren trende, içinde mutluluk şarkıları söyleyen binlerce ses dinliyordu. Saf toprağın üzerinde dimdik duran ilk servi göründüğü andan başlayarak dinlemeyi bırakmıştı. Yine zayıflığını ve sayrılık ateşini hissediyordu. Ama içinde bir şeyler gevşemiş, yatışmıştı. Ardından, gün boyunca, güneş ilerleyip deniz yaklaştıkça, titrek zeytin ağaçları üzerine hava ve ışık ırmaklarının aktığı pırıl pırıl ve yerinde duramayan büyük bir göğün altında dünyayı devindiren coşkunluk, onun yüreğinin coşkusuna eklendi. Trenin gürültüsü, ağzına kadar dolu kompartımanda kendisini kuşatan çocuksu gevezelik, çevresinde gülen ve şarkı söyleyen her şey, bir tür içsel dansa ritim tutuyor, eşlik ediyordu; bu dans saatlerce dünyanın dört bir yanında hareketsiz durmuş olan onu, ileri fırlattı ve sonunda körfeziyle göğünün karşısında sağlıktan çatlayan, arzu ile tembelliğin akşama kadar boğuştuğu, gürültücü Cenova'ya neşe ve şaşkınlık içinde boşalttı. Mersault sevmeye, neşelenmeye, kucaklamaya susamış ve acıkmıştı. İçini yakan tanrılar, limanın bir köşesinden, onu denize attılar, orada birbirine karışmış katranla tuzu tattı ve yüze yüze gücünün sınırlarına vardı. Eski mahallenin kokular dolu, dar sokaklarında yolunu şaşırdı; renklerin kendisi için esip gürlemesine, evlerin üzerindeki gökyüzünün güneşin ağırlığıyla tükenmesine, kedilerin kendisinin yerine çöplüklerin ve yazın ortasında dinlenmesine karışmadı. Cenova'ya yukarıdan bakan yolda yürüdü ve hoş kokularla, ışıklarla yüklü bütün bir denizin uzun uzun kabarmayla kendisine doğru yükselmesine aldırmadı. Gözlerini, yaşam taşkınlığının coşturucu, kötü bir zevk içinde esip gürlediği bu kentin üzerinde yeniden açmak için kapatarak, üzerine oturmuş olduğu sıcak taşlara sarılıyordu. Sonraki günlerde limana inen bayır üzerinde oturmayı da sevmeye başladı; öğleyin bürolarından çıkıp rıhtıma uzanan genç kızların geçişine bakıyordu. Sandallı ayakları ve parlak, hafif giysiler içindeki özgür göğüsleriyle kızlar, Mersault'nun dilinin kurumasına, onun özgür ve haklı bulduğu yüreğinin, arzuyla çarpmasına yol açıyorlardı. Akşamleyin, sokaklarda gene aynı kadınlarla karşılaşıyor ve onları, kasıklarında, kaba bir tatla kıpırdayan arzunun sıcak, çöreklenmiş hayvanıyla birlikte izliyordu. İki gün boyunca bu insandışı coşkuyla yandı. Üçüncüsünde Cezayir'e gitmek üzere Cenova'dan ayrıldı.

Tüm yolculuk boyunca, sabah, ardından öğle vakti ve akşam; deniz üzerinde su ve ışığın oyunlarını izleyerek, yüreğini gökyüzünün ağır vuruşlarına uydurdu, kendisine geldi. Kimi iyileşmelerin bayağılığından kuşkulanırdı. Güverteye uzanmış, uyumaması, tersine uyanık kalması, dostlarına karşı, ruhunun ve gövdesinin erincine karşı uyanık kalması gerektiğini düşünüyordu. Mutluluğunu ve doğrulanmasını hazırlamak zorundaydı. Ve kuşkusuz iş şimdi daha kolaydı. Denizin üzerinde birdenbire serinleyen akşamın eşiğinde içine doğan garip dinginlikte, ışığın yeniden sarı olarak doğmak üzere yeşil renkte öldüğü gökyüzünde ilk yıldız yavaş yavaş belirginleşirken; bu büyük kargaşa ve fırtınanın ardından, içindeki karanlık ve kötülüğün, yerini iyiliğe ve kararlılığa yönelmiş bir ruhun artık saydamlaşmış aydınlık suyuna bıraktığını hissediyordu. Açık seçik görüyordu. Uzun zamandır bir kadın, aşkını umut etmişti. Kendisi aşk için yaratılmamıştı. Yaşamı boyunca, rıhtımdaki büro, odası ve uykuları, lokantası ve metresleri arasında, tek bir arayışla, bir mutluluğun ardından koşmuştu, oysa herkes gibi o da bunun olmazlığına yürekten inanıyordu. Mutlu olmak isteğine oynamıştı o da. Hiçbir zaman bilinçli ve kesin bir kararlılıkla istememişti bunu. O güne dek hiçbir zaman... Ama o andan başlayarak, bütünüyle bilinçli bir biçimde hesap edilmiş bir davranışla, yaşamı değişmiş ve mutluluk ona mümkün görünmüştü. Kuşkusuz bu yeni varlığı, acılar içinde doğurmuştu. Ama daha önce oynadığı alçaltıcı komedi karşısında bunun ne önemi olabilirdi? Sözgelimi, onu Marthe'a bağlayan şeyin aşktan çok gurur olduğunu görüyordu. Kızın ona uzattığı dudakların o tansığı da, kendinde bulduğu ve ilk kez elde ettiğini hissettiği bir gücün sevinçli şaşkınlığından başka bir şey değildi. Aşkının bütün öyküsü de, bu başlangıç şaşkınlığının bir kesinlikle, alçakgönüllülüğün de bir gururla yer değiştirmesi gerçeğindeydi. Marthe'ta, birlikte sinemaya gittikleri, insanların bakışlarının onun üzerine çevrildiği akşamları ve kendisinin de onu herkese gösterdiği anı seviyordu. Kendisini seviyordu onda, kendi gücünü ve yaşama tutkusunu. Dahası, arzusu da, bütün teninin derin zevki de, olağanüstü bir gövdeye sahip olmanın, onu boyunduruk altına almanın, onu aşağılamanın verdiği ilk şaşkınlıktan doğuyordu belki de. Şimdi, bu aşk için değil de, bundan böyle hizmetine gireceği kara tanrının masum ve korkunç aşkı için yaratılmış olduğunu biliyordu.

Çoğu zaman olduğu gibi, yaşamındaki iyi şeyler, kötü şeylerin çevresinde belirginleşmişti. Claire ve dostları, Zagreus ve onun, mutluluğu Marthe'ın çevresinde bulmak isteği. Şimdi kendi mutluluk isteğinin öne geldiğini biliyordu, ama bunun için zamanla uyuşması gerektiğini ve kendi zamanına sahip olmanın, girişimlerin hem en güzeli hem de en tehlikelisi olduğunu anlıyordu. İşsiz güçsüzlük yalnızca ortalama insanlar için öldürücüdür. Çokları ortalama insan olmadıklarını kanıtlayamıyorlardı bile. O bu hakkı elde etmişti. Ama gösterilecek kanıt kalıyordu geriye. Tek şey değişmişti. Geçmişi ve yitirmiş olduğu şeyler karşısında özgür hissediyordu kendini. Bu daralmadan ve içindeki kapalı alandan, dünya karşısındaki bu bilinçlilik ve sabırlı coşkudan başka bir şey istemiyordu. Uğrunda yorgun düşülen, ele alıp sıkılan sıcak bir ekmek gibi, ellerinin arasında tutmak istiyordu yaşamını yalnızca. Kendi kendiyle konuşabildiği ve yaşamaya hazırlanabildiği, trende geçirdiği o iki uzun gecede olduğu gibi. Yaşamını bir arpa şekeri gibi yalamak, biçimlendirmek, keskinleştirmek ve sonunda onu sevmek. Bütün tutkusu buydu. Bundan böyle çabası, kendi üstündeki bu varlığı, şimdi katlanmanın ne denli güç olduğunu bildiği bir yalnızlık pahasına da olsa, yaşamın bütün görünüşleri karşısında korumaktı. İhanet etmeyecekti. Tüm gücü ona bu konuda yardımcı oluyordu; gücünün kendisini yükselttiği bu noktada, aşkı çılgın bir yaşama tutkusu olarak ona katılıyordu.

Deniz geminin yanlarında usul usul kırışıyordu. Gök yıldızlarla doluydu. Sessizlik içindeki Mersault, bu gözyaşı ve güneş yüzlü yaşamı, bu tuz ve sıcak taştaki yaşamı sevmek ve ona hayranlık duymak için kendinde taşkın, derin güçler buluyordu; onu okşamakla, kendisindeki bütün aşk ve umutsuzluk güçleri birleşecekmiş gibi geliyordu. Yoksulluğu ve eşsiz zenginliği buradaydı. Sanki sıfıra inerek oyuna yeniden başlıyor gibiydi, ama bu kez kendi güçlerinin ve kendisini yazgısının karşısında sıkıştıran duru ateşin bilincindeydi.

Ve işte sonunda Cezayir göründü, sabah vakti yavaşça varış, denizin üzerinde Kasbah'ın göz kamaştıran çağlayanı, tepeler ve gök, uzanmış kollarıyla körfez, ağaçlar arasındaki evler ve daha şimdiden çok yakındaki rıhtımların kokusu. O sırada Mersault, Viyana'dan bu yana bir kez olsun, Zagreus'u kendi elleriyle öldürdüğü bir adam olarak düşünmediğini fark etti. Kendisinde, yalnızca çocuklarda, dâhilerde ve masumlarda bulunan o unutma yetisinin olduğunu anladı. Masum ve sevinçle altüst olmuş durumda, mutluluk için yaratılmış olduğunu anladı sonunda.

# Üçüncü bölüm

Patrice ve Catherine, güneşin altında, taraçada kahvaltı yapıyorlar. Catherine mayolu, dostlarının adlandırmasıyla delikanlıysa slipli, boynunun çevresinde bir havlu var. Tuzlu domates, patates salatası, bal ve bolca meyve yiyorlar. Şeftalileri soğutmak için buza koyuyorlar ve oradan alarak, kadifemsi kabukların tüylü ter damlalarını yalıyorlar. Yüzlerini esmerleştirmek için güneşe tutarlarken (En azından, esmerleşmenin kendisine yakıştığını bilen Patrice bunu yapıyor) içecekleri üzüm sularını da hazırlıyorlar.

"Güneşi hisset," diyor Patrice, kolunu Catherine'e uzatarak. Kız kolu yalıyor. "Evet," diyor, "sen de hisset." O da hissediyor, sonra kaburgalarını okşayarak uzanıyor. Kız da yanına, yüzükoyun uzanıyor ve mayosunu kasıklarına kadar indiriyor.

"Densizin biri değilim, değil mi?"

"Hayır," diyor delikanlı başını çevirmeden.

Güneş akıyor ve yüzünde oyalanıyor. Derisindeki gözenekler hafifçe ıslanmış, içinden taşan ve uykusunu getiren bu ateşi soluyor. Catherine güneşten eriyor, iç çekiyor ve inliyor.

"Çok iyi," diyor.

"Evet," diyor delikanlı da.

Ev, körfezin görüldüğü bir tepenin doruğuna kurulmuştu. Mahallede üç yükseköğrenim öğrencisi kızın evi diye bilinirdi. Zeytinliklerde başlayıp zeytinliklerde biten çok güç bir yoldan çıkılırdı. Yol ortada bir tür sahanlık oluşturur, kül rengi duvar boyunca açık saçık resimler ve siyasal çağrılar görülürdü, bunların okunması, yorulan yolcuya bir soluklanma fırsatı sağlardı. Sonra yine zeytin ağaçları, dallar arasındaki gökyüzünün mavi çamaşırları, mor, sarı, kırmızı kumaşların kurutulduğu sararmış çimenler boyunca sıralanan sakızağaçlarının kokusu. Kan ter içinde soluk soluğa kalınır, bugenvillerin dikenlerinden sakınarak bir engel aşılır ve yine el merdiveni gibi dimdik, ama mavi alacakaranlıkla kaplı, basamaklı bir merdivenle tırmanılır ve orada, insanın susuzluğu sona ererdi artık. Rose, Claire, Catherine ve delikanlı buraya "Dünyanın Karşısındaki Ev" derlerdi. Görünüme bütünüyle açık, dünyanın renkli dansının üzerinde parlayan gökyüzüne asılmış bir balon sepeti gibiydi. Ta aşağıdan, düzgün eğimli koydan başlayan bir tür atılış, otları ve güneşi karıştırır; çamları ve servileri, tozlu zeytin ağaçlarını ve okaliptüsleri evin eşiğine dek taşırdı. Bu armağanın yüreğinde, mevsimine göre, beyaz yabangülleri ve mimozalar ya da yaz akşamlarında kokuları evin duvarlarından dört bir yana saçılan hanımelleri açardı. Beyaz çamaşırlar ve kırmızı çatısıyla, ufkun bir ucundan öbürüne sanki topluiğneyle tutturulmuş gibi duran ve tek kırışığı olmayan bir göğün altındaki denizin gülümsemeleriyle "Dünyanın Karşısındaki Ev"; geniş kapı ve pencere boşluklarını bütün bu renk ve ışık panayırının üzerine çevirmişti. Ama uzaktan, yüksek mor dağların bir çizgisi, en uçtaki yamacıyla koya eklenir ve uzak çerçevesi içinde bu sarhoşluğu barındırırdı. Bu durumda, hiç kimse, yolun güçlüğünden, yorgunluktan yakınmazdı. İnsan her gün sevincini ele geçirmek zorundaydı.

Böyle, dünyanın karşısında yaşayıp ağırlığını duyarak onun, aydınlanan, sonra ertesi gün bütün gençliğiyle yanmak üzere sönen yüzünü her gün görerek; evin dört sakini, kendilerini hem bir yargıç hem de bir kanıt durumuna getiren bir katılımın bilinci içindeydiler. Dünya, burada kişileşir, dengenin aşkı öldürmediği ve artık kendilerinden seve seve öğüt aldığımız kişilerden biri olarak önem kazanırdı. Onu tanık gösterirlerdi.

"Ben ve dünya," derdi Patrice en küçük bir konuda, "sizi beğenmiyoruz."

Kendisi için çıplak olma, önyargılardan kurtulma demek olan Catherine, terasın üzerinde soyunmak için delikanlının yokluğundan yararlanırdı. Orada gökyüzünün renklerini değiştirdiğini görecek kadar kalır, yemek masasında bir tür kösnül gururla şöyle derdi:

"Dünyanın karşısında çıplaktım bugün."

"Evet," derdi Patrice küçümsemeyle, "kadınlar doğallıkla düşüncelerini duygularına yeğlerler." O sırada Catherine entelektüel bir kadın sayılmak istemediği için, havaya sıçrardı. Rose ve Claire, birlikte, "Sus Catherine," derlerdi, "haksızsın."

Çünkü Catherine'in hep haksız olduğu söylenirdi, yine de herkes onu, aynı biçimde severdi. Ciddi, göze çarpan buğday tenli bir gövdesi vardı ve dünyanın temelindeki hayvani içgüdüye sahipti. Ağaçların, denizin ve rüzgârın derin dilini hiç kimse ondan daha iyi çözemezdi.

"Bu ufaklık," derdi yemeye ara vermeden Claire, "doğanın bir gücüdür."

Sonra tümü güneşte ısınmaya ve susmaya giderdi. İnsan insanın gücünü azaltır. Dünyaysa o gücü dipdiri bırakır. Rose, Claire, Catherine ve Patrice evlerinin pencerelerinde düş ve görüntü içinde yaşarlar, onları birbirine bağlayan o bir tür oyuna razı olurlar, dostluk ve sevgiyle gülerlerdi; ama gökyüzüyle denizin dansı karşısına gelince, yazgılarının gizli rengini yeniden bulurlar ve sonunda en derindeki içdünyalarıyla baş başa kalırlardı. Kimi zaman kedileri de sahiplerinin yanına gelirdi. Zayıf ve ince bir kedi olan Gula, yeşil gözlerinde siyah bir soru işaretiyle, sürekli saldırı tehdidi altındaymış gibi yaklaşır; birden çılgınlığa kapılır ve gölgelerle dövüşürdü. "Bu bir iç beze sorunu," derdi Rose. Sonra lüle lüle saçlarının altında, yuvarlak gözlüğünün arkasında kıvrım kıvrım kirpikli ve neşeli gözleriyle, Gula kucağına atlayıncaya (bu özel bir iltifattı) kadar kendini kaptırarak gülerdi; Rose onun parlak tüylerinin üzerinde parmaklarını gezdirirken hafifler, gevşer ve kendisi de güzel gözlü bir kediymiş gibi, tatlı ve dostluk dolu ellerle hayvanı sakinleştirirdi. Çünkü kediler Rose'un dünyaya çıkış kapısıydı, nasıl Catherine'inki çıplaklıksa. Claire, öteki kedi Cali'yi yeğlerdi. O, tatlı, kirli beyaz kılıyla alık bir kediydi ve kendisine işkence edilmesine aldırmazdı. Floransalılara özgü yüzü olan Claire, kendisini eşsiz bir ruh olarak hissederdi o sırada. Sessiz, içine dönük, birden patlamaları olan ve iştahı yerinde biriydi. Şişmanlığını görerek, Patrice, azarlardı onu.

"Bizi tiksindiriyorsunuz," derdi. "Güzel bir varlığın kendisini çirkinleştirmesine hakkı yoktur." Ama Rose araya girerdi. "Bu çocuğu üzmekten ne zaman vazgeçeceksiniz! Yiyin kardeşim Claire, yiyin!"

Ve gün doğuştan batışa, tepeleri, denizi, güzel güneşi katederdi. Onlar güler, şakalaşır, tasarılar yaparlardı. Herkes görüntülere gülümser ve onlara boyun eğmiş görünür. Patrice, dünyanın yüzünden genç kadınların ciddi ve gülümseyen yüzlerine giderdi. Kimi zaman çevresinde kuruluveren bu evrene şaşırırdı. Güven ve dostluk, güneş ve beyaz evler, ancak hissedilen ayrıntılar; gerçek yankısını ölçtüğü el değmedik mutluluklardan doğardı orada. "Dünyanın Karşısındaki Ev" derlerdi kendi aralarında, içinde eğlenilen bir ev değil, mutlu olunan bir evdir. Hepsi yüzleri akşama dönük durumda, o hiçbir şeye benzememenin insani ve tehlikeli eğilimini, son esintiyle birlikte, içlerine doldurdukları sırada bunu çok iyi anlardı Patrice.

Bugün güneş banyosundan sonra Catherine büroya gitti.

"Sevgili Patrice'im," diyor birdenbire ortaya çıkan Rose, "size verilecek iyi bir haberim var."

Delikanlı o sırada taraça odadaki divanın üzerine, elindeki polisiye romanla sere serpe uzanmıştı.

"Sizi dinliyorum, sevgili Rose'um."

"Bugün yemek sırası sizde."

"Tamam," diyor Patrice kımıldamaksızın.

Öğle yemeğinde yemek üzere biberler ve Lavisse'in o can sıkıcı *Tarih*'inin üçüncü cildini içine ilgisizce koyduğu okul çantasıyla, çekip gidiyor Rose. Mercimek pişirmesi gereken Patrice saat on bire kadar geziniyor; aşı boyalı duvarları, divanları, etajerleri; yeşil, sarı ve kırmızı maskları, turunç kırmızısı çizgileri olan kaba duvar kaplamalı büyük odayı inceliyor; sonra hemen mercimekleri kaynatıyor, kulplu tencereye yağ koyuyor, kavurmak için bir soğan, bir domates, bir demet yeşillik ekliyor; açlıklarını ilan eden Gula ve Cali'yle uğraşıyor, onlara ileniyor. Oysa Rose dün onlara durumu açıklamıştı.

"Beni dinleyin hayvanlar, yazın sıcak havasında karnınızın acıkmaması gerekir."

On ikiye çeyrek kala Catherine geliyor, hafif bir giysi ve yarı açık sandallar giymiş. Bir duş ve güneş banyosu yapmak zorunda. Yemek masasına en son o oturacak. Rose sert bir biçimde, "Catherine, çekilmez birisin!" diyor. Banyoda su fışıldıyor ve Claire, soluk soluğa sesleniyor.

"Mercimekleri pişiriyor musunuz? Çok iyi bir yemek tarifim var..."

"Biliyorum. 'Taze kremayı alıyorum...' Bir daha mı anlatacaksınız, sevgili Claireciğim."

Gerçekten de Claire'in yemek tarifleri hep taze kremayla başlar.

"Delikanlı haklı," diyor az önce gelen Rose.

"Evet," diyor delikanlı, "sofraya buyuralım."

Yemeklerini, bir araç gereç deposu yerini de tutan bir mutfakta yiyorlar. İçeride her şey var; Rose'un ilginç sözlerini not etmek için bir ajanda bile. Claire, "Kibar olalım, ama doğallığı unutmadan," diyor ve salamını elleriyle yiyor. Catherine, belli gecikmesiyle, sarhoş ve yakınmalı, gözleri uykudan mahmurlaşmış geliyor. Bürosuna yararlı olmak için kendini yemeye niyetli değil – bir yazı makinesine vermek üzere dünyadan, yaşamından sökülüp alınmış sekiz saat! Arkadaşları onu anlıyorlar, bu sekiz saatlerin kendi yaşamlarından koparıldığını düşünüyorlar. Patrice susuyor.

"Ama," diyor duygulanmaktan hoşlanmayan Rose, "aslında bu seni ilgilendirir. Ve buraya gelir gelmez her gün bize bürondan söz ediyorsun. Bu konuda seni dinlemek istemiyoruz."

"Ama," diye iç çekiyor Catherine.

"Oyluyoruz bu durumda. Bir, iki, üç, oy çokluğuyla yitiriyorsun."

"Görüyor musun," diyor Claire.

Mercimekler geliyor, iyi pişmemiş ve tümü sessizlik içinde yiyor. Claire yemeği kendisi hazırladığı zamanlar, sofrada tadına bakarak her zaman hoşnut bir havayla, "Oo, çok güzel olmuş!" der. Patrice ağırbaşlılığına yakışır biçimde, tümü kahkahalarla gülünceye kadar susmayı yeğler. Bugün sol yanından kalkmış olan, ama kırk saatlik haftayı tamamlamak da isteyen Catherine, kendisine

CGT'ye[1] kadar eşlik etmelerini istiyor.

"Hayır," diyor Rose, "önünde sonunda sensin çalışan."

Sinirlenen "doğanın gücü", güneşe uzanmaya gidiyor. Ama hemen az sonra hepsi ona katılıyor. Ve Catherine'in saçlarını şöyle bir okşayan Claire, "bu çocuk"taki eksikliğin bir erkek olduğu kanısına varıyor. "Dünyanın Karşısındaki Ev"de Catherine'in yazgısını belirlemek, ona gereksinimler atfetmek ve bunlara bir yaşarlık, gerçeklik kazandırmak gündelik alışkanlıklardandır çünkü. Kuşkusuz zaman zaman, yeterince yetişkin olduğunu söylüyor ya da daha başka biçimlerde dikkatlerini çekiyordu onların, ama onu dinleyen kim. "Zavallı," diyor Rose, "bir âşığa gereksinimi var."

Daha sonra herkes kendini güneşe bırakıyor. Kinci biri olmayan Catherine, bürosundaki bir dedikoduyu, evliliği iyice yaklaşan iriyarı, sarışın kız Pérez'in bilgi toplamak için odadan odaya koştuğunu, tiksindirici betimlemelerle onunla eğlenmekten hoşlandıklarını ve kızın evlenme izninden dönüşten sonraki rahatlamasını; gülümseyerek, "O denli korkunç bir şey değildi," demesini anlatıyor. "Otuz yaşında olacak bir de," diye ekliyor Catherine, acımaklı bir havayla.

Bu açık çağrışımlı öykülere karşı çıkan Rose, "Aman Catherine," diyor, "burada yalnızca genç kızlar yok ki."

O saatte kentin üzerinden hava postası geçer, parlak metal görkemini yerin üzerinde ve göğün içinde gezdirir. Körfezin devinimine girer, onun gibi eğilir, dünyanın seyrine katılır ve birden oyunundan vazgeçip sert bir biçimde çark eder, uzun uzun denize dalar, beyaz ve mavi bir su patlamasıyla birlikte denize iner. Gula ve Cali yan

1. Confédération générale du travail: Çalışma Genel Konfederasyonu. (Ç.N.)

yatmışlar, küçük yılan ağızları pembe damaklarını gösterecek biçimde aralanmış, böğürlerini titreten görkemli ve kösnül düşlere dalmışlar. Gök, tepeden; güneş ve renk yüküyle birlikte, tüm o yüksekliğinden aşağı düşer. Catherine, gözleri kapalı, onu kendi derinliğine götüren, içinde Tanrı gibi soluk alan o hayvanın kımıldadığı uzun ve derin düşüşü duyar.

Ertesi pazar konuklar beklenmekte. Yemeği pişirecek olan Claire. Rose sebzeleri ayıklamış, masayı ve kap kacağı hazırlamış; Claire sebzeleri kaba koyacak ve odasında okurken, yemeğin pişmesini gözetleyecek. Mağripli Mina, bir yıl içinde babasını üçüncü kez yitirdiği için gelmemişti o sabah, Rose ev işlerini de yaptı. Çağrılılar geliyor. Mersault, ülkücü adını taktığı Eliane'a, "Niçin Eliane," diye sorar, "sizi sarsan gerçek bir şey söylendiği zaman, niçin 'Doğru, ama iyi değil,' diyorsunuz?" Eliane saf yüreklidir ve "Eldivenli Adam"la arasında bir benzerlik bulur, herkes kendisine karşı çıksa da. Ama kendi payına o, odasını "Eldivenli Adam"ın röprodüksiyonlarıyla süslemiştir. Eliane yükseköğrenim görmekte. "Dünyanın Karşısındaki Ev"e ilk kez geldiğinde sakinlerinin "önyargısız" tutumlarına hayran kaldığını açıklamıştı. Zamanla bu deyimden hoşlanmaz oldu. Önyargısız olmak, ona, özenle süsleyip püsleyip anlattığı öykülerinin son derece sıkıcı olduğunu söylemekten ve en hafifiyle kibarca, "Eliane, siz bir budaladan başka bir şey değilsiniz," deyivermekten ibaretti.

Eliane, mesleği yontuculuk olan ikinci çağrılı Noel'le birlikte mutfağa girdiğinde, yemeği hiçbir zaman doğal bir durumda pişirmeyen Catherine'le karşılaştı. Kız sırtüstü uzanmış, bir eliyle üzüm yemekte, öbürüyle henüz başlamış olduğu mayonezi karıştırıyor. Büyük, mavi bir önlük giyen Rose, öğle yemeğini yemek için sebze bahçesine saldırmış olan Gula'nın zekâsına hayran kalıyor.

"İnanır mısınız," diyor sonsuz mutluluk içinde, "Rose, ah, inanır mısınız, zeki bir kedi bu!"

"Evet," diyor Catherine, "bugün kendi kendini aşıyor." Ve Gula'nın zekâsının gittikçe daha geliştiğini, bu sabah küçük, yeşil lambayla bir vazoyu kırdığını ekliyor. Eliane ve Noel, kuşkusuz bıkkınlıklarını söyleyemeyecek kadar güçsüz düştüklerinden, kimsenin onlara buyur demeyi aklına getirmediği birer sandalyeye oturmaya karar veriyorlar. Sevimli ve solgun Claire geliyor, ellerini sıkıyor ve ateş üzerindeki balık çorbasının tadına bakıyor. Yemeğe oturulabileceğini düşünüyor. Ama Patrice gecikti bugün. O sırada o da geliyor; konuşkan bir havada, Eliane'a, sokaklarda güzel kadınlar gördüğü için keyfinin yerinde olduğunu anlatıyor. Sıcak mevsim yeni başlıyor, ama şimdiden içinde sert gövdelerin titreştiği yeni giysiler görünmeye başlıyor. Anlattığına göre, Mersault'nun bundan, ağzı kuruyor, şakakları zonkluyor ve kasıkları yanıyor. Sözcüklerindeki kararlılık karşısında, Eliane utanıyor ve susuyor. Sofrada balık çorbasının ilk kaşıklarını bir üzüntü izliyor. Claire cilveyle ve çok ince bir söyleyişle, "Korkarım ki," diyor, "bu çorba yanık soğan kokmakta."

"Hiç bile," diyor herkesin iyi yürekliliğini sevdiği Noel.

O sırada bu iyi yürekliliğini kanıtlaması için, Rose ondan ev için şofben, İran halısı ve buzdolabı gibi eşyalar satın almasını istiyor. Noel, Rose'a, piyangoda kendisinin kazanması için dua etmesini söyleyince, "Sana dua edeceğimize kendimize dua ederiz," diyor Rose, gerçekçi bir tutumla.

Hava sıcak, buzlu şarapla biraz sonra gelen meyvelerin değerini daha bir artıran, güzel, yoğun bir sıcak. Kahve içilirken Eliane cesaretle aşktan söz ediyor. Sevecek olsaymış evlenirmiş. Catherine ona, sevince en ivedi işin yatmak olduğunu söylüyor ve bu özdekçi düşünce

Eliane'ı sarsıyor. Pragmatik Rose, Eliane'a düşüncesine katılmak istediğini belirtiyor, ama "Ne yazık ki, deneyler evliliğin aşkı öldürmekten başka bir şeye yaramadığını kanıtlıyor," diyor.

Ama Eliane'la Catherine düşüncelerini çatışmaya zorluyorlar ve bütün ateşli insanlar gibi haksız davranıyorlar. Gerçekçi ve usulüne uygun düşünen Noel, somut, zahmetli bir yaşamda kadına, çocuklara ve ataerkil gerçekliğe inanıyor. O sırada Eliane'la Catherine'in bağırtılarından yorgun düşen Rose, birden Noel'in sık ziyaretlerinin amacını anlamış gibi yapıyor.

"Size teşekkür ederim," diyor, "bu keşfin beni nasıl tam anlamıyla altüst ettiğini anlatamam. Hemen yarın babama 'ikimizin' tasarısından söz edeceğim ve birkaç gün içinde de, siz isteğinizi ona iletebileceksiniz."

"Ama..." diyor pek iyi anlayamayan Noel.

"Hayır," diyor büyük bir coşkuyla Rose, "biliyorum. Sizi anlıyorum, konuşmanıza gerek yok. Siz susan ve anlaşılmayı bekleyen insanlardan birisiniz. Ayrıca, açıklamanızdan hoşnudum; yoksa bu sık ziyaretleriniz temiz adımı lekelemeye başlıyordu."

Neşelenen ve hafifçe kaygılanan Noel, isteklerinin ödüllendirildiğini görmekten hoşnut olduğunu açıklıyor.

"Şunu da hesaba katmalısınız," diyor Patrice bir sigara yakmadan önce, "elinizi çabuk tutmanız gerek. Rose'un durumu size işlerinizi hızlandırma gibi bir görev yüklemekte."

"Ne," diyor Noel.

"Aman Tanrım," diyor Claire. "Daha ikinci ayın içindeyiz."

"Hem sonra," diye ekliyor sevecenlik ve inandırıcılık dolu bir sesle Rose, "bir başkasının çocuğunda kendini tanımaktan mutluluk duyacak yaşa gelmişsiniz."

Noel'in yüzü buruşuyor biraz; Claire, iyi çocuk havasıyla, "Şaka, şaka," diyor. "Eğlence olsun diye yaptık. Haydi salona geçelim."

Bu arada ilke tartışması son buluyor. Yine de, iyi davranışlarını gizlice yapan Rose, Eliane ile usul usul konuşuyor. Büyük odada Patrice pencereye oturuyor, Claire onun sağında, masanın karşısında duruyor, Catherine'se hasırın üzerine uzanmış. Ötekiler divandalar. Kentin ve limanın üzerinde yoğun bir sis var. Ama römorkörler yeniden çalışmaya başlıyorlar ve onların boğuk düdük sesleri katran ve balık kokularıyla birlikte, kırmızı ve siyah teknelerin, paslı iskele babalarının, yosunlarla yapış yapış olmuş zincirlerin, ta aşağıdan doğan dünyasını, buraya kadar taşıyor. Bu, her gün yinelenen, güce eğilimli bir yaşamın yürekli ve dost çağrısıdır; herkes burada ona karşı bir eğilim ya da açık bir istek duyar. Eliane, Rose'a hüzünle şöyle diyor:

"Siz de aslında benim gibisiniz."

"Hayır," diyor Rose, "ben yalnızca mutlu olmaya çalışıyorum, hem de olabildiğince mutlu."

"Ve aşk tek yol değil," diyor Mersault, başını çevirmeksizin.

Eliane'ı çok sever o ve birdenbire onu üzmüş olmaktan korkuyor. Ama Rose'un mutlu olmak istemesini de anlıyor.

"Bu orta malı bir ülkü," diyor Eliane.

"Orta malı bir ülkü olup olmadığını bilmiyorum, ama sağlam bir ülkü. Sonra düşünüyor musunuz..." Patrice sözünü sürdürmüyor. Rose gözlerini kapattı biraz. Gula onun dizlerine çıktı; kafatası kemikleri üzerindeki uzun okşamalarla Rose o gizli uyuşumu başlatıyor. Bu uyuşumun içinde gözleri yarı kapalı kediyle hareketsiz duran kız, aynı bakışla benzer bir evreni görecekler. Her biri römorkörün uzun çağrıları arasında düşlere dalıyor.

Rose, çökük gövdesiyle kıvrılıp yatmış Gula'nın mırıltılarına aldırmıyor. Sıcak, gözlerine yükleniyor ve onu, kanının atışlarıyla dolu bir sessizliğin içine sokuyor. Kediler günler boyunca uyur ve ilk yıldızdan tana dek sevişirler. Kösnüleri ısırgandır ve uykuları ağır. Gövdenin, ruhun hiçbir payının olmadığı bir ruhu olduğunu da bilirler.

"Evet," diyor Rose, gözlerini açarak, "mutlu olmak, hem de olabildiğince."

Mersault, Lucienne Raynal'i düşünmektedir o sırada. Daha önce, sokaklarda güzel kadınlar gördüğünü söylediğinde, özellikle, kendisine güzel gelen bir kadını anlatmak istemişti. Arkadaşlarının evinde karşılaşmıştı onunla. Bir hafta önce birlikte çıkmışlardı ve yapacak başka şeyleri olmadığından, güzel, sıcak bir sabah, liman boyunca bulvarlarda gezinmişlerdi. Ağzını açmamıştı kadın ve onu evine götürürken, Mersault, elini uzun uzun sıkışına ve gülümseyişine kendisi de şaşırmıştı. Oldukça uzun boyluydu, şapkasızdı, ayağında açık sandallar vardı ve beyaz, bez bir giysi giymişti. Bulvarların üzerinde hafif bir rüzgâra karşı yürümüşlerdi. Kadın adımlarını sıcak kaldırım taşları üzerine açarak atıyor, böylece rüzgâra karşı hafifçe direnmek için destek sağlamış oluyordu. Bu devinimiyle giysisi, gövdesine yapışıyor, düz ve yuvarlak karnı ortaya çıkıyordu. Arkaya atılmış kumral saçları, küçük dik burnu ve göğüslerinin görkemli atılımıyla bir tür gizli uyumu simgeliyor ve bunu onaylatıyordu; bu uyum onu yere bağlıyor, davranışlarının çevresindeki dünyayı düzenliyordu. Çantası gümüş bilezikle süslü sağ kolunda sallanır ve bilezik çantanın ağzına çarparken; güneşten korunmak için –sağ ayağının ucu henüz zeminde, ama oradan ayrılmaya hazır– sol elini başının üzerine kaldırıyordu; Patrice'e öyle geliyordu ki, devinimlerini dünyayla bütünleştiriyordu kadın.

Ve o sırada, kendi adımlarını Lucienne'inkilere uyduran gizemli uyumun ayrımına varıyordu. Birlikte uyum içinde yürüyorlardı ve kendisi bunun için hiçbir çaba harcamıyordu. Kuşkusuz bu uyum Lucienne'in düz ayakkabılarıyla kolaylaşmıştı. Ama adımlarında, uzunluk ve çeviklik açısından kimi ortak yönler de vardı. Aynı anda Lucienne'in sessizliği ve yüzünün içedönük havası dikkatini çekti Mersault'nun. Onun fazla zeki biri olamayacağını düşündü ve bundan sevinç duydu. Düşünceden yoksun güzellikte Tanrısal bir şey vardır ve Mersault buna herkesten daha çok duyarlıydı. Bütün bunlar yüzünden Lucienne'in parmaklarıyla oyalandı ve onunla sık sık görüştü; esmer yüzlerini güneşe ya da yıldızlara çevirerek, birlikte yüzerek, gövdelerinin varlığı dışında hiçbir şey alıp vermeden devinimlerini ve adımlarını birbirine uydurarak, aynı sessiz yürüyüşle, uzun uzun gezindi onunla. Ve bütün bunlar, Mersault'nun, Lucienne' in dudaklarında içten ve altüst edici bir tansık bulduğu dün akşama dek sürdü. O güne değin onu heyecanlandıran şey, Lucienne'in giyiniş tarzı, koluna girip yanında yürümesi, erkek yanını okşayan, onun o kendini bırakışı ve o güveniydi. Bir de, onu bütünüyle o anın davranışı içine sokan ve tüm eylemlerinde ortaya koyduğu ağırbaşlılığı borçlu olduğu, kedilerle benzerliğini tamamlayan sessizliği. Dün, akşam yemeğinden sonra, rıhtımda gezinmişti onunla. Bir an bulvarların yokuşunda durmuşlardı; Lucienne, Mersault'ya sokulmuştu. Gecenin içinde, Mersault, parmaklarının ucunda onun sağlık taşan, serin elmacıkkemiklerini ve sıcak dudaklarını hissetti. O sırada içinde amaçsız ve yakıcı büyük bir çığlık koptu. Yıldızlarla silme dolu gecenin ve limandan yüzüne doğru yükselen sıcak, derin esintinin altında, insan işi ışıklarla donanınış, tersine çevrilmiş bir gökyüzüne benzeyen kentin karşısında; bu ılık kaynağa susamışlığını, bu ıssız ve uyuklayan dünyanın tüm anlamını, kendi ağzının içindeki bir sessizlik gibi o diri dudakların üzerinden kavramanın dayanılmaz isteğini duyuyordu. Eğildi, dudaklarını bir kuşun üzerine koyuyormuş gibiydi. Lucienne inledi. Mersault onun dudaklarını dolu dolu ısırdı ve saniyeler boyunca, ağız ağıza, kendisini kolları arasında dünyayı sarıyormuş gibi hissettiği bir âleme taşıyan bu ılıklığı içine çekti. Bu sırada kadın da sanki boğuluyormuş gibi ona sarılıyor, içine yuvarlandığı o derin, büyük delikten, atılışlarla yüzeye çıkıyor, dudaklarıyla erkeğin dudaklarını itiyor, sonra tekrar uzatıyor, buzlu ve siyah sulara düşüyor, bu sular da onu bir yığın tanrı gibi yakıyordu...

... Ama Eliane gidiyordu. Sessizlik ve düşüncelerle dolu uzun bir öğleden sonrası bekliyordu Mersault'yu odasında. Akşam yemeğinde herkes sessizdi. Ama ortak bir isteğe uyarak hepsi taraçaya geçti. Günler hep günlere eklenerek sona eriyor. Koy üzerindeki sisler ve güneşle parlayan sabahtan koy üzerindeki akşamın tatlılığına. Gün denizin üzerinde doğuyor ve tepelerin ardından batıyor, çünkü gökyüzü, yalnızca, denizden tepelere giden bir yol gösteriyor. Dünya her zaman ancak bir şey söyler: Önce hoşa gider, daha sonra bıktırır. Ama tekrarlar sayesinde başarıya ulaştığı bir an gelir ve direnmesinin ödülünü alır. Böylece, "Dünyanın Karşısındaki Ev"in gülmelerin ve basit davranışların şatafatlı kumaşına dokunmuş günleri, yıldızlardan geçilmeyen bir gecenin karşısında taraçada sona erdi. Şezlonglara uzandılar, Catherine'se koruma duvarının üzerine oturmuştu.

Gökte karanlık gecenin ateşli ve gizemli yüzü parlıyor. Işıklar limandan çok uzağa gidiyor ve tren ulumaları daha da seyrekleşiyor. Yıldızlar büyüyor, sonra küçülüyor; gözden yitiyor ve yeniden doğuyor; kendi aralarında değişken yüzler oluşturuyor ve bunları da başkalarına ekliyorlar. Gece, ıssızlığın içinde, derinliğini ve gövdesini yeniden ele geçiriyor. Yıldız kaymaları onları yaşlar içinde bırakan ışık oyunları sunuyor gözlere. Ve her biri, göğün derinliğine dalmış, her şeyin birbirine çakıştığı o uç noktada yaşamlarının yapayalnızlığını yaratan gizli ve ince düşünceyi yeniden buluyor.

Aşkın birdenbire soluğunu kestiği Catherine, ancak iç çekebildi. Kendi sesindeki değişimi hisseden Patrice soruyor bu arada.

"Üşümüyor musunuz?"

"Hayır," diyor Rose. "Hem ayrıca, öyle güzel ki..."

Claire ayağa kalktı, ellerini duvara koydu ve yüzünü göğe çevirdi. Dünyada var olan bunca temel ve soylu nitelikler karşısında, yaşamı ile yaşama arzusunu birbirine karıştırıyor ve umudunu yıldızların devinimine katıyor. Birden dönüp Patrice'e sesleniyor.

"İyi günlerde yaşama güvenmek, onu da iyilikle karşılık vermek zorunda bırakır," diyor.

"Evet," diyor Patrice ona bakmaksızın.

Bir yıldız kayıyor. Onun ardından, şimdi daha kararan gecede, uzak bir far ışığı genişliyor. İnsanlar sessizce yola tırmanıyorlar. Ayak sesleri ve güçlü soluk alıp verişleri işitiliyor. Az sonra çiçeklerden bir koku yükseliyor.

Dünya her zaman, ancak bir şey söyler. Ve yıldızdan yıldıza giden bu sabırlı gerçeklikte, bizi kendimizden ve başkalarından kurtaran bir özgürlük vardır; ölümden ölüme giden öteki sabırlı gerçeklikte olduğu gibi. Patrice, Catherine, Rose ve Claire kendilerini dünyaya bırakmalarından doğan mutluluğun bilincine varıyorlar o sırada. Eğer bu gece, onların yazgılarının bir simgesiyse, bu yazgının aynı anda tensel ve gizli olmasına ve onun yüzünün, gözyaşlarıyla güneşe bulanmışlığına hayran oluyorlar. Acılı ve sevinçli yürekleri mutlu ölüme doğru uzanan o ikili dersi işitebiliyor.

Vakit geç şimdi. Çoktan gece yarısı. Dünyanın dinlenmesi ve düşünmesine benzeyen bu gecenin alnacında gizli bir yıldız taşkınlığı ve uğultusu, yaklaşan uyanışı bildiriyor. Gök cisimlerine boğulmuş gökyüzünden, titreyen bir ışık iniyor. Patrice dostlarına bakıyor: Catherine duvarın üzerine çömelmiş, başını arkaya atmış; Rose şezlonga çekilmiş, elleri Gula'ya uzanmış; Claire çıkık alnının beyaz lekesiyle duvarın önünde dimdik ayakta. Gençlikleri açık ve gizleri saklı, mutluluğa yetenekli genç varlıklar. Patrice, Catherine'e yaklaşmış, onun etten ve güneşten omzunun üzerinden, gökyüzü yuvarlaklığına bakıyor. Rose duvara yaklaşmış ve dördü dünyanın karşısındalar. Geceleyin birden daha da serinleyen çiy tanesi; alınları üzerindeki yalnızlığın işaretlerini yıkayıp arıtıyor ve bu titrek, kaçkın vaftizle, kendilerini kendilerinden kurtararak, onları dünyaya geri veriyordu sanki. Gecenin yıldızlarla dolup taştığı bu saatte, davranışları göğün büyük, dilsiz yüzünde donup kalıyor. Patrice kolunu geceye doğru kaldırıyor, atılımıyla birlikte, yıldız salkımlarını, koluyla çarptığı göğün suyunu kendisiyle birlikte sürüklüyor; Cezayir kenti ayaklarının dibinde, değerli taşlar ve kavkıdan oluşma parlak ve loş bir harmani gibi uzanıyor.

# Dördüncü bölüm

Tan ağarırken Mersault'nun arabası gece lambalarını yakmış, kıyı yolunda ilerliyordu. Cezayir'den çıkışta sütçü arabalarına yetişmiş, onları sollamıştı ve atların sıcak terle ahır karışımı kokusu, sabah serinliğinin değerini daha bir artırmıştı. Ortalık karanlıktı henüz. Son yıldız gökte usul usul eriyordu; karanlığın içinde parlayan yolda motorun mutlu hayvanının gürültüsünü, kimi zaman da yolun karanlık zemininde yok olup gidinceye kadar biraz daha uzaktan gelen bir at tırısıyla, bidon dolu bir arabanın sarsıcı patırtısını, atın ayaklarında parlayan nalların dörtlü gürültüsünü algılıyordu yalnızca. Sonra her şey hızın gürültüsü içinde yok oluyordu. Şimdi daha hızlı gidiyor, gece hızla güne evriliyordu.

Araba, Cezayir tepelerinin arasında yoğunlaşan gecenin derinliğinden, sabahın süzülerek doğduğu denize egemen olan boş bir yola çıkıyordu. Mersault arabayı son hızda bıraktı. Tekerlekler, çiy taneleriyle ıslanmış yolun üzerinde, vantuz gürültülerini daha bir artırıyordu. Sayısız dönemeçlerde yapılan frenler, lastiklere keskin çığlıklar attırıyor ve düz yolda yeniden başlayan ağır uğultu, aşağıdaki kumsallardan yükselen denizin küçük seslerini bastırıyordu bir an. Ancak uçak, otomobilin içinde duyduğundan daha koygun bir yalnızlık duygusu verebilir insana. Mersault, bütünüyle kendi dünyasında, davranışlarının doğruluğundan emin, kendine ve kendini uğraştırana dönebiliyordu. Şimdi gün yolun ucunda daha büyük açılmıştı. Denizin üzerinde güneş doğuyor; onunla birlikte de kırmızı uçuşlu kuşlar ve böceklerle dolu, daha az önce ıssız duran iki kıyıdaki kırlar uyanıyordu. Kimi zaman bir köylü geçiyordu oradan ve kendisini hıza kaptırmış giden Mersault, bütün ağırlığıyla, bitek ve sulu toprağa basan, çuval yüklü bir gölgenin görüntüsünü seçebiliyordu ancak. Otomobil, düzenli bir biçimde denize egemen olan tepeciklere götürüyordu onu. Küçük tepeler irileşiyordu ve daha biraz önce güneşe karşı gölge oyunları içinde güçlükle seçilen siluetleri hızla yaklaşıyor, ayrıntılarıyla büyüyor, Mersault'ya zeytin ağaçları, çamlar, kaba sıvalı küçük evlerle dolu ansızın açılmış yamaçlarını sunuyordu. Sonra bir başka dönemeç, otomobili, gelgitle kabaran, Mersault'dan yana tuz, kızıllık ve uyku dolu bir bağış gibi yükselen denize doğru uçuruyor. Bunun üzerine araç, yol üzerinde vınlıyor ve başka tepelerle, hep benzer bir denize doğru yol alıyordu.

"Dünyanın Karşısındaki Ev"de, gideceğini bir ay önce açıklamıştı. Öncelikle gezmiş ve daha sonra Cezayir dolaylarında kalmıştı. Birkaç hafta sonra da, yolculuğun bundan böyle kendisi için yabancı bir yaşamı simgelediğinden emin olmuş, dönüyordu: Çevre değişikliği ona yalnızca kaygılı bir mutluluk gibi görünüyordu. Bunun için de anlaşılmaz bir yorgunluk hissediyordu içinde. Chenoua'da, Tipasa örenlerinin birkaç kilometre ötesinde, denizle dağ arasında satın aldığı küçük eve yerleşerek tasarısını gerçekleştirmekte acele ediyordu. Cezayir'e varışında yaşamının dış görünümünü sahneye koymuştu. Alman eczacılık ürünleriyle ilgili değerli tahviller satın almış ve işin başına bir görevli oturtmuştu, böylece

Cezayir'deki yokluğunun ve sürdürdüğü bağımsız yaşamın dayanaklarını oluşturmuştu. İş iyi kötü yürüyordu, rastlantısal açıkları, sıkıntı duymadan, derin özgürlüğünün bir vergisi sayarak karşılıyordu. Gerçekten de dünyaya, onun anlayabileceği bir yüz sunmak yeterli. Gerisi tembellik ve korkaklık. Bağımsızlık, ucuzundan birkaç iç dökme sözcüğüyle kazanılır. Mersault, daha sonra Lucienne adlı talihiyle ilgilendi.

Kadının anne babası yoktu, yalnız yaşıyordu, bir kömür işletmesinde sekreterdi, meyveyle besleniyor ve kültürfizik yapıyordu. Mersault ona ödünç kitaplar verdi. O, hiçbir şey söylemeden onları kendisine geri getirdi. Sorularına, "Evet, iyi," ya da "Biraz hüzünlü," gibi yanıtlar verdi. Cezayir'den ayrılmaya karar verdiği gün ona birlikte yaşamalarını, ama Cezayir'de çalışmadan oturmasını ve ona gereksinim duyduğunda kendisiyle buluşmasını önerdi. Öyle inandırıcı bir dille söyledi ki, Lucienne bunda hiçbir aşağılayıcı yön görmedi ve zaten aşağılayıcı bir şey de yoktu. Lucienne çok zaman aklıyla anlayamadığını gövdesiyle algılıyordu. Kabul etti. Mersault ekledi:

"Eğer önemliyse, size evlenme sözü verebilirim. Ama bu bana yararlı görünmüyor."

"Nasıl isterseniz," dedi Lucienne.

Bir hafta sonra Mersault onunla evleniyor ve yola çıkmak üzere hazırlanıyordu. Lucienne, bu süre içinde mavi denizde dolaşmak için portakal rengi bir sandal satın aldı.

Mersault direksiyonu bükerek bir erkenci tavuktan sıyrıldı. Catherine'le yapmış olduğu söyleşiyi düşünüyordu. Yola çıkıştan bir önceki gün, otelde yalnız bir gece geçirmek için "Dünyanın Karşısındaki Ev"den ayrılmıştı.

Öğle sonuydu, sabahleyin yağmur yağdığı için, bütün körfez yıkanmış bir cam ve gökyüzü yeni bir çamaşır gibiydi. Tam karşıda körfezin eğri çizgisini sona erdiren burun, görkemli bir durulukla beliriyor ve güneşin bir ışınıyla yaldızlanarak büyük bir yaz yılanı gibi denizin içinde uzanıyordu. Patrice valizlerini toplamayı bitirmiş ve kolları pencere pervazında, açgözlülükle, dünyanın bu yeni doğuşuna bakıyordu.

"Burada mutluysan, niye gidiyorsun, anlamıyorum," demişti ona Catherine.

"Sevilmek tehlikesini yaşayacaktım küçük Catherine ve bu da benim mutlu olmamı engelleyecekti."

Divanın üzerine büzülmüş duran Catherine, boynu hafif bükük, derinliksiz güzel bakışıyla Patrice'e bakıyordu. O, "Çoğu insan yaşamını karmakarışık bir duruma getirir ve türlü yazgılar uydurur. Benim için bu çok basit. Bak..." diyor, yüzünü çevirmeksizin.

Dünyanın karşısında konuşuyordu ve Catherine kendisinin unutulmuş olduğunu hissediyordu. Kıvrılmış koluyla pervaza dayanan Patrice'in uzun parmaklarına, gövdesini tek kalça üzerine alarak duruş biçimine, görmeden kestirebildiği yitip gitmiş bakışına bakıyordu kız.

"Demek istediğim..." dedi, ama sustu ve Patrice'e baktı.

Küçük yelkenliler dinginlikten yararlanıp denize açılmaya başlıyordu. Dar geçide varıyorlar, orayı kanat vuruşlarıyla dolduruyorlar ve birden uzun bir köpük ürpertisi içinde yitip giden bir hava ve su iziyle birlikte, seyir yönlerini açığa çeviriyorlardı. Denizde ilerlerlerken, Catherine oturduğu yerden, onları Patrice'in çevresinde yükselen beyaz bir kuş sürüsü gibi görüyordu. Patrice onun sessizliğini ve bakışını hissetmiş gibiydi. Döndü, ellerini aldı ve onu kendisine çekti.

"Hiçbir zaman vazgeçme, Catherine. İçinde öyle çok şeye sahipsin ki, hepsinden soylusu da, mutluluk duygusu taşıyorsun. Yalnızca bir erkeğin yaşamını bekleme. Onca kadın bunun için yanılıyor. Sen yaşamı bizzat kendinde ara."

"Yakınmıyorum Mersault," dedi Catherine tatlılıkla, Patrice'in kolunu tutarak. "Şimdi önemli olan tek şey var. Kendine iyi bak."

Kendi gerçekliğinin ne denli az şeye bağlı olduğunu hissetti o zaman Mersault. Yüreği son derece katıydı.

"Şimdi bunu söylemeyecektin."

Valizini aldı, önce dik merdiveni, sonra zeytin ağaçlarıyla başlayıp zeytin ağaçlarıyla biten yolu indi. Chenoua'dan; bir örenler ve pelinler ormanından, iyisiyle kötüsüyle bir yaşamın anısıyla birlikte, umut ve umutsuzlukla ilintisiz bir aşktan başka hiçbir şey beklemiyordu artık onu. Geriye döndü. Yukarıda Catherine, uzaklaşmasına bakıyordu, kıpırdamadan.

İki saat dolmadan Chenoua'nın karşısındaydı Mersault. O sırada doruk kırmızı ve sarı ışıklarla aydınlanırken, gecenin mor ışıkları dağın denize dalan yamaçlarında salınıyordu hâlâ. Orada, tüm yüksekliğiyle denize dalan bu kocaman ve adaleli hayvan sırtına abanmak üzere, sahilin ufka gölgeleri vuran tepelerinden başlayan kara vardı, tıpkı şiddetli ve yoğun bir atılım gibi. Mersault'nun satın aldığı ev, şimdiden sıcakla sararan denizin yüz metre uzağında, son yamaçların üzerinde yükseliyordu. Zemin katın üzerinde yalnızca bir kat ve bu katta da eklentileriyle birlikte tek oda vardı. Ama bu oda genişti ve öndeki bahçeye, sonra da bir terasla uzatılmış görkemli bir koy aracılığıyla denize açılıyordu. Mersault çabucak çıktı oraya. Deniz çoktan tütmeye başlamıştı, bu arada maviliği koyulaşıyordu ve aynı anda terasın tuğlalarının sıcak kırmızısı ışık ve parıltı saçıyordu denize doğru. Kaba sıvalı tırabzanlar, görkemli bir sarmaşık gülünün ilk çiçeklerini içeri bırakıyordu. Güller beyaz

beyaz açılmış, denizin üzerinde ilgisiz duruyordu ve taçyapraklarının sertliğinde hem doyurucu hem de verimli bir şey vardı. Aşağıdaki odaların biri, Chenoua'nın meyve ağaçlarıyla kaplı ilk yamaçlarına bakıyordu, öteki ikisiyse bahçeye ve denize. Bahçede, iki çam ağacı, yalnız uçlarında sarı ve yeşil yapraklar bulunan ölçüsüz gövdelerini, gökyüzüne salıyorlardı. Evden, bu iki ağacın arasındaki alan ve gövdeler arasındaki deniz çizgisinden başka bir yer görülmüyordu. Şu anda hiç olmazsa küçük bir vapur geçiyordu enginden ve Mersault bir çamdan öteki çama süren tüm yolculuk boyunca ona baktı.

Yaşayacağı yer burasıydı. Kuşkusuz bu yerlerin güzelliği yüreğini etkiliyordu. Zaten bu çevre için satın almıştı evi. Ama burada bulacağını umduğu dinginlik ürkütüyordu onu şimdi. Ve onca bilinçle ardından koştuğu bu yalnızlık, çevresinde oluşunca, kaygı verici geliyordu şimdi ona. Köy uzakta değildi, birkaç yüz metre ötedeydi. Dışarı çıktı. Küçük bir keçiyolu yoldan ayrılıyor, denize iniyordu. Bu keçiyoluna saptığı anda denizin öbür kıyısından küçük Tipasa Burnu'nun görüldüğünü fark etti ilk kez. Bu burnun ucunda tapınağın yaldızlı sütunları ve sütunların dört bir yanında da uzaktan kül rengi, yünsü bir tüy gibi görülen pelinlerin arasında, aşınmış örenler beliriyordu karaltı biçiminde. Haziran akşamlarında, rüzgârın, güneşe bulanmış pelinlerin kokusunu, denizin üzerinden Chenoua'ya kadar taşıyabileceğini düşündü Mersault.

Evini yerleştirmesi, düzenlemesi gerekiyordu. İlk günler çarçabuk geçti. Duvarları kireçle badanaladı, Cezayir'den duvar kaplamaları satın aldı, elektrik döşeme işine girişti. Gün boyunca köyün otelinde yenen yemekler ve deniz banyolarıyla kesilen bu çalışma içinde buraya niçin geldiğini unutmuştu ve gövdesinin yorgunluğuyla bitkinlikten ölüyordu; böğürleri çökmüş, bacakları kopmuş, boyanın yetmemesinden ya da sofada koşuşturma sırasında yanlış bir iş yapmaktan kaygılanmıştı. Otelde yatıyor, köyle yavaş yavaş tanışıyordu: Pazar öğleden sonra Rus bilardosu ve pinpon oynamaya gelen delikanlılar (oyunları bütün bir öğle sonunu doldurduğu ve yalnızca tek bir şey içtikleri için patronun tepesini attırıyorlardı); denize bakan yolda akşamları dolaşan kızlar (el ele tutuşuyorlar ve sözcüklerin son hecesini vurguluyorlardı); otelin balığını sağlayan tek kollu balıkçı Pérez. Köyün doktoru Bernard'la da orada karşılaştı. Ama evde her şeyin yerleştirildiği gün, Mersault eşyalarını oraya taşıdı ve biraz olsun kendine geldi. Akşamdı. Üst kattaki odadaydı, pencerenin arkasında, iki çam arasındaki alanı ele geçirmek için, iki dünya birbiriyle çekişiyordu. Hemen hemen saydam olan birinde, yıldızlar çoğalıyordu. Daha yoğun ve siyah olan ötekinde, derinden gelen bir su şıpırtısı denizi haber veriyordu.

O güne kadar, kendisine yardım eden işçilerle görüşerek ya da kahvenin patronuyla gevezelik ederek başkalarıyla birlikte yaşamıştı. Ama bu akşam, ne yarın ne de başka bir zaman, hiç kimseyle karşılaşmak zorunda olmadığının ve onca dilediği yalnızlıkla karşı karşıya kaldığının bilincine vardı. Kimseyi görmeye zorunlu olmadığı andan itibaren ertesi gün, ona korkunç yakın göründü. Bu arada istemiş olduğu şey konusunda kuşkusu kalmadı: uzun bir süre boyunca, tükenişe kadar kendisiyle baş başa kalmak. Gecenin geç vaktine kadar sigara içerek ve düşünerek oturmaya karar verdi, ama saat ona doğru uykusu geldi ve yattı. Ertesi gün geç uyandı, saat ona doğru, kahvaltısını hazırladı ve temizlenmeden kahvaltısını yaptı. Kendini biraz yorgun hissediyordu. Tıraş olmamıştı ve saçları dağınıktı. Bu arada yemeği yedikten sonra banyoya gidecek yerde bir odadan ötekine gezindi durdu, bir derginin yapraklarını karıştırdı ve sonunda duvarda iyi takılmamış bir elektrik düğmesi bularak son derece mutlu oldu, çalışmaya koyuldu. Kapı çalındı. Bir gün önce anlaştıkları üzere öğle yemeğini getiren otelin küçük garsonuydu gelen. Olduğu gibi ve tembellikle oturdu masaya, yemekler soğumadan, iştahsızca yedi ve aşağı odadaki divanın üzerine uzanıp sigara içmeye başladı. Uyandığında uyumuş olduğu için kızgındı, saat dördü buluyordu. Temizliğini yaptı bunun üzerine, özenle tıraş oldu, giyindi ve iki mektup yazdı, biri Lucienne'e, öteki üç yükseköğrenim öğrencisi kıza. Vakit şimdiden geç olmuş, gece çökmüştu. Yine de mektuplarını postaya vermek üzere köye gitti ve kimseyle karşılaşmadan geriye döndü. Odasına çıktı, oradan da taraçaya geçti. Denizle gece, kumsalın üzerinde ve örenlerin içinde söyleşiyordu. O, düşünüyordu. Bu yitik günün anısı kendisini ağuluyordu. Bu akşam, hiç olmazsa, çalışmak, bir şeyler yapmak, okumak ya da gecenin içinde yürümek üzere dışarı çıkmak istiyordu. Bahçe parmaklığı gıcırdadı. Akşam yemeği geliyordu. Acıkmıştı, iştahla yedi ve dışarı çıkmayacağını hissetti o sırada. Yatakta uzun uzun okumaya karar verdi. Ama gözleri ilk sayfaların üzerinde kapandı; ertesi günse geç uyanıyordu.

İzleyen günlerde, Mersault üzerindeki bu uyuşukluğa karşı koymaya çalıştı. Günler, bahçe kapısının gıcırtısı ve sayısız sigarayla dolu geçerken, bir sıkıntı onu bu yaşama iten davranışla, bu yaşam arasındaki uyuşmazlığın boyutunu gösteriyordu. Bir akşam, öylesine istemiş olduğu yalnızlığı bozarak, Lucienne'e gelmesini yazdı. Mektup yola çıktığında gizli bir utanca boğulmuştu. Ama Lucienne gelince, bu utanç, bildik bir varlığın yeniden bulunmasından duyduğu bir tür budala ve aceleci neşeyle, onun varlığının sağladığı kolay yaşam içinde eridi gitti. Kadınla ilgileniyor, çevresinde dönüyordu; Lucienne'se biraz şaşırarak, ama üzerindeki iyi ütülenmiş beyaz, bez giysilerinden sürekli kaygılanarak bakıyordu ona.

Mersault o sırada kırlara çıktı, ama Lucienne'le birlikte. Dünyayla suç ortaklığına yeniden kavuştu, ama elini Lucienne'in omzuna atarak. İnsana sığınarak, böyle gizli korkusundan kurtuluyordu. Yine de iki gün sonra Lucienne, canını sıkmaya başlamıştı. Kadın, onun yanında yaşama isteğini dile getirmek için böyle bir zamanı seçti. O sırada akşam yemeği yiyorlardı ve Mersault buna, gözlerini tabağından kaldırmaksızın kesinlikle karşı çıktı.

Bir sessizliğin ardından, Lucienne, yansız bir sesle eklemişti:

"Beni sevmiyorsun."

Mersault başını kaldırdı. Kadının gözleri yaş doluydu. Yumuşadı.

"Ama sana, sevdiğimi hiçbir zaman söylemedim ki, küçüğüm."

"Doğru," dedi Lucienne, "üzüntüm de bunun için ya."

Mersault ayağa kalktı ve pencereye doğru yürüdü. İki çamın arasından görülen gecede yıldızlar dolup taşıyordu. Ve belki de Patrice hiçbir zaman yüreğinde kendi sıkıntısıyla yakında geçirdiği günlerden doğma böyle bir bıkkınlığı birlikte duymamıştı.

"Güzelsin Lucienne," dedi. "Daha ötesini de artık görmüyorum. Fazladan bir şey istemiyorum senden. Bu ikimiz için de yeterli."

"Biliyorum," dedi Lucienne. Patrice'e sırtını dönüyor ve bıçağının ucuyla sofra örtüsünü temizliyordu. Patrice onun yanına geldi ve ensesinden tuttu.

"İnan bana, büyük acı yoktur, büyük pişmanlıklar, büyük anılar yoktur. Her şey unutulur, büyük aşklar bile. Yaşamda aynı anda hüznün ve coşkunluğun bulunuşu bundandır. Olayları görmenin ancak belli bir yolu vardır ve zaman zaman ortaya çıkar. İşte bunun içindir ki, yaşamında büyük bir aşka, mutsuz bir tutkuya sahip olmuş olmak yine de iyidir. Bu en azından bizi çökerten nedensiz umutsuzluklar için bir korunmadır."

Bir süre durduktan sonra Mersault düşünüp ekledi: "Bilmem beni anlayabildin mi?"

"Anladığımı sanıyorum," dedi Lucienne, birden başını ona doğru çevirdi. "Mutlu değilsin."

"Ama olacağım," dedi Mersault sert bir biçimde. "Olmam gerekiyor. Bu geceyle bu deniz ve parmaklarımın altındaki bu enseyle."

Pencereye dönmüştü ve eliyle Lucienne'in boynunu sıktı. Susuyordu kadın.

"Hiç olmazsa," dedi yüzüne bakmadan, "bana birazcık dostluk duyuyor musun?"

Patrice onun omzunu ısırarak yanına diz çöktü. "Dostluk mu, evet, geceye duyduğum dostluk gibi. Gözlerimi sevinçle dolduruyorsun ve bu sevincin yüreğimde tuttuğu yeri bilmezsin."

Ertesi gün gitti kadın. Ondan sonraki gün, kendi kendisiyle anlaşamayan Mersault, otomobille Cezayir'e dönüyordu. Önce "Dünyanın Karşısındaki Ev"e gitti. Dostları içinde bulundukları ayın sonunda kendisini görmeye geleceklerine söz verdiler. Daha sonra mahallesine uğramak istedi.

Evi bir kahveciye kiralanmıştı. Fıçıcıyı merak etti ve kimse onunla ilgili bilgi veremedi. İş aramak için Paris'e gittiği sanılıyordu. Gezmeye çıktı Mersault. Lokantacı Céleste yaşlanmıştı, ama biraz. René, veremi ve ciddi havasıyla sürekli oradaydı. Herkes Patrice'i yeniden görmekten mutluydu, o da bu karşılaşmadan heyecanlandığını hissediyordu.

"Oh Mersault," dedi Céleste, "değişmemişsin. Hep aynısın."

"Evet," dedi Mersault.

Şu tuhaf körlüğe şaşıyordu ki, insanlar kendilerinde değişeni çok iyi bilmelerine karşın, dostlarına, ilk ve son olarak, kendi oluşturdukları bir imgeyi yakıştırıyorlar. Ve işte o, daha önce nasılsa öyle kabul ediliyordu. Nasıl ki bir köpek karakter değiştirmez; insanlar da köpektir insan için. Céleste, René ve ötekiler kendisini öyle iyi tanıyorlardı ki, onlar için, üzerinde insan yaşamayan bir gezegen kadar yabancı ve kapalıydı. Yine de onlardan dostlukla ayrıldı. Ve lokantadan çıkışta Marthe'la karşılaştı. Kadını görünce, onu hemen hemen unutmuş olduğunun, ancak yine de içten içe karşılaşma umudunu taşıdığının bilincine vardı. Her zaman boyalı bir tanrıçanın yüzüne sahipti Marthe. Onu içten içe, ama mantığıyla istemeden arzuladı. Birlikte yürüdüler.

"Ah Patrice," diyordu, "ne kadar sevindim! Ne yapıyorsun?"

"Hiç, görüyorsun. Kırda oturuyorum."

"Çok güzel! Ben... ben de hep bunu düşledim."

Ve bir sessizlikten sonra, "Biliyor musun," dedi, "sana kızmıyorum."

"Öyle mi," dedi Mersault gülerek, "kendi kendini kandırıyorsun."

Bunun üzerine Marthe hiç tanımadığı bir sesle konuştu.

"Kötü yürekli olma; ne istiyorsun? Bunun bir gün böyle biteceğini biliyordum. Sen garip bir adamdın. Bense senin söylediğin gibi küçük bir kızdan başka bir şey değildim. Gittiğinde çok kızdım kuşkusuz, anlıyor musun? Ama sonunda kendime senin mutsuz olduğunu söyledim. Ne gülünç değil mi; nasıl söyleyeceğimi bilemiyorum, ama ilk kez, aramızda geçenler beni hem üzdü hem de mutlu etti."

Şaşıran Mersault ona baktı. Birdenbire Marthe'ın kendisine her zaman çok iyi davrandığını düşündü. Onu olduğu gibi kabul etmiş ve çok kez, yalnızlığını dağıtmıştı. Haksızlık etmiş olan kendisiydi. Hem de imgelemiyle özsaygısının ona gereğinden çok değer verdiği bir zamanda – gururu ondan bunu esirgemişti. Hangi acımasız paradoksla, sevdiğimiz varlıklarla ilgili olarak, önce onların yararına, sonra da zararına olmak üzere, hep iki kez yanıldığımızı kavrıyordu. Bugün anlıyordu ki Marthe kendisiyleyken hep doğal davranmıştı – nasılsa öyleydi ve bu niteliğiyle ona çok şey borçluydu Mersault. Yağmur çok az yağıyordu – sokağın ışıklarını çoğaltıp dağıtacak kadar. Işık ve yağmur damlalarının arasından, Marthe'ın birdenbire ciddileşmiş yüzünü görüyor ve içinde devinip duran, ama dile getirilemeyen, başka zaman olsa bir tür aşk sanabileceği sarılgan bir minnettarlık duyuyordu. Ama şu zavallı sözcüklerden başkasını bulamadı: "Biliyorsun," dedi ona, "seni çok severim. Ve şimdi hâlâ, bir şeyler yapabilseydim..."

Marthe gülümsedi.

"Hayır," dedi ona, "ben gencim. Bu durumda, düşün ki, kimi yoksunluklara katlanamam."

Kabul etti Mersault. İkisi arasında, hem ne uzaklık ve hem de ne çok gizli uyum vardı! Onu evinin önünde bıraktı. Şemsiyesini açtı o, "Umarım ki yeniden görüşürüz," dedi.

"Evet," dedi Mersault. Kadının yüzünde küçük, hüzünlü bir gülümseme vardı. "Ah," dedi Mersault, "işte küçük kız yüzün."

Kapının altına çekilmiş şemsiyesini kapatıyordu kadın. Patrice elini uzattı, gülümseme sırası ondaydı. "Görüşmek üzere, görüntü!" Marthe hızla elini sıktı, çarçabuk yanaklarından öptü ve koşarak merdivenleri çıktı. Mersault yağmurun altında kalmış, yanaklarının üzerinde, Marthe'ın soğuk burnunu ve sıcak dudaklarını hissediyordu hâlâ. Bu birdenbire ve içten öpücük, Viyanalı kırmızı çilli, küçük fahişenin öpücüğünün bütün temizliğini taşıyordu.

Mersault bu sırada Lucienne'i görmeye gitti, onda yattı ve ertesi gün ondan kendisiyle bulvarlarda yürümesini istedi. Aşağı indiklerinde öğle olmak üzereydi. Portakal rengi tekneler dörde bölünmüş meyveler gibi güneşte kuruyordu. Güvercinler ile gölgelerinin ikili uçuşu, hafif bir eğri çizerek, yeniden yukarıya çıkmak üzere, rıhtıma doğru indi. Parlayan güneş usul usul ısıtıyordu. Mersault, dar geçitten yavaş yavaş çıkan, hızlanan, gökte ve denizde köpüklenen ışık çizgisine doğru rahat bir biçimde çark eden kırmızı siyah posta gemisine bakıyordu. Yol alışa bakan biri için tüm yola çıkışlarda acı bir tatlılık vardır. "Şansları var," dedi Lucienne. "Evet," dedi Patrice. Düşündüğüyse "hayır"dı – ya da en azından, bu şansa imrenmiyordu. Onun için de başlamalar, yola çıkışlar, yeni yaşamlar çekiciliğini koruyordu. Ama biliyordu ki, mutluluk bu biçimiyle ancak tembellerin ve güçsüzlerin ruhunda yer alabilir. Mutluluk, bir seçim ve bu seçim içinde de tasarlanmış, bilinçli bir istenci içeriyordu. Zagreus'u duyuyordu: "Vazgeçme isteğiyle değil, mutluluk isteğiyle." Kolu Lucienne'e dolalıydı, avcunda kadının sıcak ve yumuşak göğsü bulunuyordu.

Aynı akşam, kendisini Chenoua'ya götüren otomobilde Mersault, suyun ve birdenbire ortaya çıkan tepeciklerin kabarışı karşısında, içinde büyük bir sessizlik hissediyordu. Kimi şeylere yeniden başlıyormuş gibi yaparak, geçmiş yaşamının bilincine varıp istediklerini ve istemediklerini tanımlamıştı içinde. Daha önce utanç duyduğu o bozgun günlerini tehlikeli, ama gerekli buluyordu. Orada yitip gidebilir ve böylece tek aklanma olanağını yitirebilirdi. Ama zaten her şeye alışmak gerekiyordu.

Mersault, iki fren arasında o hem küçültücü ve hem pek değerli olan gerçekliğe inanıyordu: Onun aradığı ayrıksı mutluluğun koşulları, sabah uyanışlarında, düzenli deniz güneş banyolarında ve bilinçli bir sağlık bilgisinde bulunuyordu. Daha sonra çaba gerektirmeyecek bir yaşama yerleşmek, soluğunu zamanın ve yaşamın derin ritmine uydurmak için, hızdan yararlanmaya karar vererek son hızla gidiyordu.

Ertesi sabah çok erken kalktı ve denize indi. Gün şimdiden tüm aydınlığına bürünmüştü, sabahsa kanat hışırtıları, kuş cıvıltılarıyla doluydu. Ama güneş ufuk çizgisini sıyırıyordu; henüz parıltısız olan suya girdiğinde, güneş yükselinceye, kollarını kırmızı ve parlak altın akışlarına daldırıncaya kadar, bulanık bir gecede yüzüyor gibi geldi Mersault'ya. Yaşadığı ana geri döndü ve evine girdi. Gövdesini uyarılmış ve her şeyi devşirmeye hazır hissetti. İzleyen sabahlarda hep güneşin doğuşundan biraz önce indi aşağıya. Ve bu ilk davranış, gününün geriye kalanına egemen oluyordu. Bu banyolar ayrıca yoruyordu onu. Ama onların kendisine verdiği zayıflık ve enerji, gününe bir vazgeçme ve mutlu yorgunluk tadı da veriyordu. Bununla birlikte günleri ona hâlâ uzun geliyordu. Zamanını, kendisi için işaret noktaları demek olan alışkanlıklarının iskeletinden ayıramamıştı henüz. Yapacak hiçbir şeyi yoktu ve zamanı böyle en uzun boyutuna ulaşıyordu. Her dakika bir tansık değeri kazanıyordu, ama o henüz bunu böyle hissetmiyordu. Nasıl ki yolculukta günler bitmek tükenmek bilmez görünür ve yine tam tersine bir büroda pazartesiden pazartesiye geçiş bir şimşek hızıyla gerçekleşirse, benzer biçimde dayanaklarından yoksun kalan kendisi de, bu dayanakları kızdığı bir yaşamın içinde yeniden bulmaya çalışıyordu hâlâ. Kimi zaman bir saati eline alıyor, akrebin bir rakamdan öbürüne geçişine bakıyor ve beş dakikaların kendisine sonsuz gibi gelmesine hayran kalıyordu. Kuşkusuz bu saat ona, hiçbir şey yapmamanın o yüce sanatına giden zor ve acılı yolu açtı. Gezinmeyi öğrendi. Kimi kez, öğle sonları, öbür burundaki örenlere kadar kumsal boyunca yürüyordu. O sırada, pelinlerin içinde yatıyor, elini bir taşın sıcaklığının üzerine koyarak gözlerini ve yüreğini sıcaklık dolu bir gökyüzünün dayanılmaz büyüklüğüne açıyordu. Kanının atışlarını saat iki güneşinin şiddetli atışına katıyor; yabanıl kokularla uykulu böceklerin konserlerine dalıp gökyüzünün, beyazdan duru maviye ve az sonra hava almak üzere yeşile geçişine, onun tatlılığını ve sevecenliğini hâlâ sıcak olan örenlere boşaltışına bakıyordu. Bunun üzerine eve erken dönüyor, yatıyordu. Bu bir güneşten öbür güneşe uzanan seyir içinde, günleri bir ritme göre diziliyordu, ki bu ritmin ağırlığı ve tuhaflığı, bir zamanlar bürosu, lokantası ve uykusu arasında olduğu gibi vazgeçilmez bir duruma geliyordu. Her iki durum da neredeyse kendiliğinden olmuştu. Şimdi hiç olmazsa, bilinçlilik saatlerinde, zamanın kendisine ait olduğunu ve kırmızı denizden yeşil denize giden o kısa an içinde, kendisi için her saniye ölümsüz bir şeyler belirdiğini hissediyordu. İnsanüstü mutluluk bir yana, günlerin eğri çizgisi dışında sonsuzluk diye bir şey görmüyordu. Mutluluk insaniydi, sonsuzluksa gündelik. Her şey küçülmeyi bilmekte, güneşlerin ritmini umudumuzun eğri çizgisine bağlamak yerine, kalbini onlarla düzenlemekteydi.

Nasıl ki sanatta bir noktada durmayı bilmek gerekir, bir yontuda artık dokunulmaması gereken bir an her zaman gelir ve bu açıdan akılla açıklanamayan bir istenç, öngörünün en incelikli olanaklarından daha çok işe yararsa, bir yaşamı mutluluk içinde tamamlamak için de akılla açıklanamayan küçücük bir şey gerekir. Olmayanlar, onu elde etmeli.

Pazarları, Mersault ayrıca, Pérez'le bilardo oynuyordu. Pérez çolaktı. Sakat kolu dirseğinin üzerinden kesilmişti. Bu yüzden garip bir biçimde oynuyordu, gövdesi kabarıyor, güdük koluyla ıstakaya dayanıyordu. Sabahları balığa gittiğinde, sol küreğini koltuk altında tutan ve kayığın içinde eğik gövdesiyle ayakta duran, küreklerden birini göğsüyle, ötekini eliyle iten yaşlı balıkçının ustalığına hayran kalıyordu hep. İkisi çok iyi anlaşıyorlardı, Pérez acı soslu mürekkepbalıkları hazırlıyordu. Kendi suları içinde pişiriyordu onları ve Mersault siyah. sıcak sosu onunla paylaşıyordu; balıkçının mutfağındaki is kaplı bir tavadan ekmek banarak yiyorlardı. Ayrıca, Pérez hiç konuşmuyordu. Mersault ona sessizliğinden ötürü şükran duyuyordu. Ara sıra sabahları banyodan sonra, kayığını denize indirirken görüyordu onu. İlerliyordu bunun üzerine.

"Sizinle gelebilir miyim Pérez?"

"Binin," diyordu beriki.

Böylece kürekleri karşılıklı takozlara koyuyor ve ayaklarını paraketelerin iğnelerine dolaştırmamaya dikkat ederek (en azından Mersault için geçerli bu) birlikte kürek çekiyorlardı. Sonra balık tutmaya başlıyorlardı, Mersault kayıktan suya kadar parıltılı, suyun altında da dalgalı ve siyah görünen misinalara bakıyordu. Güneş, suyun üzerinde binlerce küçük parçaya dağılıyordu ve Mersault, denizden bir solunum gibi yükselen ağır, boğucu bir kokuyu soluyordu. Kimi zaman Pérez küçük bir balık yakalıyordu. O zaman onu geri fırlatıyor, "Haydi ananın evine," diyordu. Saat on birde dönüyorlardı; Mersault, elleri balık pullarıyla parıl parıl, yüzü güneşten şişmiş, serin bir mahzene benzeyen evine giriyordu, Pérez de akşam birlikte yiyecekleri bir tabak balık hazırlamaya gidiyordu. Günden güne Mersault, denizde suya bırakır gibi kendini yaşamına bırakıyordu. Nasıl ki denizde kolların ve suyun insanı kaldırıp taşıyan uyumuyla yol alınıyorsa; tertemiz ve bilinçli kalmak için, bir ağacın gövdesine elle dokunmak, kumsal üzerinde koşmak gibi birkaç zorunlu davranış yetiyordu ona. Böylece duru bir yaşama ulaşıyor, yalnızca en basit ya da en zeki hayvanlara verilen bir cenneti ele geçiriyordu. Düşüncenin düşünceyi yadsıdığı bu noktada, kendi gerçekliğine, onunla da en uç görkemliliğine ve en uç aşkına varıyordu.

Bernard aracılığıyla köy yaşamına da karışıyordu. Onu, küçük bir keyifsizlik yüzünden çağırtmak zorunda kalmış, daha sonra da, üstelik çok kez zevkle, görüşmeyi sürdürmüşlerdi. Bernard sessizdi, ama balık pulu tipi gözlüğünün ardından ışıklar saçan bir tür zekâya sahipti. Uzun zaman Hindiçin'de çalışmış, kırk yaşında da Cezayir'in bu köşesine çekilmişti. Birkaç yıldan beri, saçları topuzlu ve modern tayyörlü, hemen hemen dilsiz denebilecek Hindiçinli bir kadın olan karısıyla birlikte dingin bir yaşam sürüyordu. Bernard, hoşgörüsüyle her türlü ortama uyabilirdi. Orada da, bütün köyü seviyor ve kendi de seviliyordu. Yanı sıra Mersault'yu da sürüklüyordu köyde. Beriki, tezgâhında şarkı söyleyen, *La Tosca*'dan iki böğürtü arasında karısına dayak atacağını işaret eden eski bir tenor olan, otelin patronunu zaten çok iyi tanıyordu. Patrice'ten, Bernard'la birlikte bayramları kutlama kuruluna üye olmasını istediler. Bayram günlerinde, 14 Temmuz ve ötekilerde, kollarda üç renkli kolçaklarla geziyorlar ya da şekerli hafif içkilerle yapış yapış olmuş yeşil, sac masanın çevresinde oturup öteki üyelerle, müzisyenlerin kerevetinin taflanlarla mı palmiyelerle mi süslenmesi gerektiğini tartışıyorlardı. Bir seçim çatışmasına sürüklenmek bile istendi. Ama Mersault'nun belediye başkanını tanımaya zamanı olmuştu. On yıldan beri (kendi söyleyişiyle) "belediyenin yazgısına yön veriyordu" ve bu süreklilik onda kendisini Napoléon Bonaparte sanma eğilimi doğuruyordu. Zengin bağcı olan başkan kendisine Grek üslubu bir ev yaptırmıştı. Onu Mersault' ya göstermişti. Bir zemin katla onun üstündeki bir kattan oluşuyordu. Ama hiçbir özveriden kaçınmayan belediye başkanı, ona bir asansör de ekletmişti. Asansörü Mersault'yla Bernard'a denetti. Ve Bernard, "İyi çalışıyor," dedi sakin sakin. O günden sonra Mersault, belediye başkanına derin bir hayranlık duydu. Bernard'la birlikte onu, onca yaraştığı görevde tutmak için bütün güçlerini harcıyorlardı.

Dağla deniz arasındaki küçük köy, birbirine yakın kırmızı çatılarıyla ilkbaharda çiçekler; çay gülleri, sümbüller, bugenviller ve sinek vızıltıları içinde yüzüyordu. Öğle uykusu saatinde Mersault taraçasına geçiyor, uyuyan ve taşkın ışık altında tüten köye bakıyordu. Köyün büyük tarihi, Moralès ve Bingues'in; bir dizi borsa oyunlarıyla milyoner olmuş iki zengin İspanyol sömürgecisinin rekabetiyle özetlenebilirdi. Başlangıçtan beri her ikisini bir büyüklük ateşi sarmıştı. Birisi bir otomobil satın aldığı zaman en pahalısını seçiyordu. Ama aynısını satın alan öbürü, ona gümüş kapı kolları taktırıyordu. Bu konuda deha Moralès'e aitti. Kendisine "İspanya Kralı" deniyordu. Çünkü, imgelem gücü zayıf olan Binguès'i her konuda alt etmişti. Savaş yıllarında Binguès ulusal borçlanmaya yüz binlerce frank para verirken, Moralès şöyle bir açıklamada bulunmuştu: "Ben daha iyisini yapar, oğlumu veririm." Ve silah altına alınmayacak kadar küçük olan oğlunu gönüllü yazdırtmıştı. 1925'te Binguès, Cezayir'e, görkemli bir yarış arabası olan Bugatti içinde gelmişti. On beş gün sonra Moralès bir hangar yaptırmış ve bir Caudron uçağı satın almıştı. Bu uçak hâlâ hangarında yatıyordu. Yalnız pazarları ziyaretçilere gösteriliyordu. Binguès, Moralès'ten söz ettiği zaman, "Şu baldırı çıplak!" diyordu. Moralès de Binguès'ten, "Şu içi geçmiş!" diye söz ediyordu.

Bernard, Mersault'yu Moralès'in evine götürdü.

Moralès onları, yabanarıları ve üzüm kokularından yanına varılmayan büyük bir çiftlikte, büyük saygı gösterileriyle, ama ceket ve ayakkabı giymeye dayanamadığı için espadrilli ve gömlekli olarak karşıladı. Uçak, otomobiller, oğlanın çerçevelenmiş ve salonda sergilenen madalyası gösterildi. Mersault'ya, yabancıların Fransız Cezayiri'nden uzaklaştırılması gerektiğini (kendisi yerlileşmişti, "ama sözgelimi, şu Binguès") açıklayan Moralès, onları yeni buluşunun olduğu yere götürdü. Ortasında değirmi boş bir alanın bulunduğu uçsuz bucaksız bir bağa girdiler. Bu alanın üzerinde en pahalı ağaç ve kumaşlarla XV. Louis üslubunda hazırlanmış bir salon vardı. Böylece Moralès, ziyaretçilerini kendi toprakları üzerinde karşılayabiliyordu. Nazikçe, yağmur mevsimi geldiğinde ne yaptığını soran Mersault'ya, duraksamadan, purosunu ağzından çıkarmadan şu yanıtı verdi Moralès: "Değiştiriyorum." Bernard'la dönüşleri yeni zenginle şair arasındaki farklar üzerine konuşmakla geçiyordu. Bernard'a göre Moralès şairdi. Mersault onun, çöküş döneminde görkemli bir Roma imparatoru olabileceğini düşünüyordu.

Bir süre sonra, Chenoua'ya, birkaç gün geçirmeye Lucienne geldi ve gitti. Bir pazar sabahı, Claire, Rose ve Catherine söz vermiş oldukları üzere Mersault'yu görmeye geldiler. Ama Mersault kıra çekilmişliğinin ilk günlerinde kendisini Cezayir'e iten ruh durumundan çok uzaktaydı artık. Yine de onları görmekten mutlu oldu. Kanarya rengi büyük otobüsün yolcuları indirdiği yere, onları karşılamaya gitti Bernard'la birlikte. Gün çok güzeldi; köy gezgin kasapların kırmızı, güzel arabaları, gür çiçekler ve açık renkler giyinmiş insanlarla doluydu. Catherine'in isteğiyle bir süre kahvede oturdular. Bu parıltıya, bu yaşama hayranlık duyuyordu Catherine, dayandığı duvarın ardında denizin varlığını hissediyordu. Kalkış sırasında çok yakın bir sokaktan şaşırtıcı bir müzik yükseldi. Bu, *Carmen*'in "Toréadorlar Marşı"ydı kuşkusuz, ama bir patlama ve taşkınlık içinde çalınıyordu ki enstrümanların sesleri gerçek değer ve özelliklerini yitiriyordu. "Jimnastik Derneği," dedi Bernard. O sırada her türden üflemeli çalgıyı durmasız üfleyen yirmi dolayında yabancı müzisyen çıktı ortaya. Kahveye doğru ilerliyorlardı ve arkalarından, bir mendilin üzerine koyarak giydiği hasır şapkası başında, bir reklam yelpazesiyle serinleyerek gelen Moralès çıktı. Bu müzisyenleri kentten kiralamıştı, çünkü... daha sonra açıkladı: "Bu bunalımla, yaşam çok hüzün verici." Oturdu ve çevresine marşlarını bitiren müzisyenleri dizdi. Kahve kalabalıktan dolup taşıyordu. O sırada Moralès ayağa kalktı, çevresinde dönerek, ciddiyetle, "Benim isteğimle, orkestra *Toréador*'u bir daha çalacak," dedi.

Giderken küçük budalacıkların gülmekten solukları kesiliyordu. Ama eve varınca, bahçenin güneş dolu duvarlarının parlayan beyazlığını daha da somutlaştıran odaların gölgesiyle serinliği içinde, bir sessizliğe ve derin bir uyuma ulaştılar, bu uyum, Catherine'de taraçada bir güneş banyosu yapma isteğiyle kendini gösterdi. O sırada Mersault, Bernard'ı uğurladı. Bernard ikinci kez Mersault'nun yaşamıyla ilgili bir şey görüyordu. Hiçbir zaman birbirlerine bir gizlerini açmamışlardı; Mersault, Bernard'ın mutlu olmadığını seziyor ve Bernard da Mersault'nun yaşamı karşısında biraz şaşkınlık duyuyordu. Tek sözcük söylemeden birbirlerinden ayrıldılar. Mersault dostlarıyla ertesi gün çok erken saatte gezintiye çıkmak üzere anlaştı. Chenoua çok yüksek ve tırmanması güçtü. Önlerinde güzel bir yorgunluk ve güneş günü vardı.

Tan ağarırken ilk dik yamaçları tırmandılar. Rose ve Claire önden yürüyordu, Patrice, Catherine'le arkadaydı.

Sessizdiler. Henüz sabahın sisleri içinde bembeyaz duran denizin üstünde yavaş yavaş yükseliyorlardı. Patrice de; çiğdemler içindeki dağa, soğuk pınarlara, gölgeye ve güneşe razı olan, sonra yadsıyan gövdesine büsbütün dalmış, susuyordu. Sabah havası tümünün ciğerlerinde kızgın bir demir ya da ince uzun bir ustura gibiyken, kendilerini bütünüyle yamacı yenilgiye uğratma yolundaki bu girişime, bu aşma eylemine bırakmış, yorgun düşüp yürüyüşlerini yavaşlattılar. Catherine ve Patrice öne geçti, az sonra da ötekileri görmez oldular.

"İyi misin," diyordu Patrice.

"Evet, çok iyi."

Gökte güneş ve onunla birlikte de böcek cırıltıları yükseliyordu ve bu sesler sıcaklıkla yoğunlaşıyordu. Az sonra Patrice gömleğini çıkardı, çıplak gövdeyle sürdürdü yolu. Ter, güneşin deriden kabuklar kaldırdığı omuzlarının üzerinden akıyordu. Dağın böğrü boyunca uzanıyor gibi gelen küçük bir yola girdiler. Çiğnedikleri otlar ıpıslaktı. Birazdan bir kaynak gürültüsü ve bir çukurda da serinlik ile gölge fışkırışı karşıladı kendilerini. Birbirlerine su serptiler, biraz içtiler, Catherine otların üzerine yattı, o sırada Patrice ıslak, siyah saçları alnında kıvrım kıvrım olmuş, örenler, parlayan yollar ve güneş parıltıları kaplı görüntünün önünde gözlerini kırpıştırıyordu. Daha sonra Catherine'in yanına oturdu.

"Burada yalnızken, Mersault, mutlu olup olmadığını söyle bana."

"Bak," dedi Mersault. Yol güneşte titriyor ve kendilerine doğru bir sürü çok renkli vibriyon yükseliyordu. Patrice gülümsüyor ve kollarını sıvazlıyordu.

"Evet, ama sana sormak istiyordum. Elbette, canını sıkıyorsa beni yanıtlamazsın." Duraksadı. "Karını seviyor musun?"

Gülümsedi Mersault.

"Bu gerekli değil ki." Catherine'in omzunu tuttu ve başını sallayarak, onun yüzüne su serpti. "Seçmek gerektiğine, istenilenin yapılması gerektiğine ve mutluluğun koşullarının bulunduğuna inanmak, yanılgıdır küçük Catherine. Önemli olan yalnızca, anlıyorsun ya mutluluk isteğidir, sürekli var olan, kocaman bir tür bilinç. Gerisi, kadınlar, sanat yapıtları ya da dünyevi başarılar, yalnızca bahanedir. Üzerine işlemelerimizi işlediğimiz bir kanaviçedir."

"Evet," dedi Catherine, gözleri güneş dolu.

"Benim için önemli olan mutluluğun belli bir niteliğidir. Mutluluğu ancak karşıtının desteklediği sürekli ve şiddetli bir karşılaştırma içinde tadabiliyorum. Ya mutluysam? Catherine! Şu beylik sözü bilirsin: 'Dünyaya yeniden gelseydim,' işte ben de yaşamıma bugün olduğu yerden başlamak isterdim. Doğallıkla bunun ne anlama geldiğini çıkaramıyorsun."

"Evet," dedi Catherine.

"Bunu sana nasıl anlatsam, küçük! Eğer mutluysam bu, kötü vicdanım sayesindedir. Yola çıkmak, bu yalnızlığı elde etmek zorundaydım, karşılaştırılacak olanları, ki bunlar güneşti, gözyaşlarıydı, bu yalnızlık ortamında içimde karşılaştırabildim. Evet, insan olarak mutluyum."

Rose'la Claire geliyordu. Çantalarını yeniden aldılar. Yol sürekli dağa sarıyor ve onları bol bitki örtüsünün bulunduğu bölgede tutuyordu. Yolların kıyıları frenkincirleri, zeytin ve iğde ağaçlarıyla kaplıydı. Eşeklerin üzerine binmiş Araplarla karşılaşıyorlardı. Sonra daha yükseğe yöneldiler. Güneş şimdi yoldaki her taşın üzerine iki kat artmış atılışlarla çarpıyordu. Öğleyin, sıcaktan bunalmış, hoş kokular ve yorgunluktan sarhoş olmuşlardı; çantalarını fırlatıp doruğa ulaşmaktan vazgeçtiler. Yamaçlar kayalıktı, çakmaktaşı doluydu. Küçük cılız bir meşe onları yuvarlak gölgesinde barındırdı. Çantalarından yiyeceklerini çıkarıp yediler. Dağ baştan ayağa, ışık ve cırcırböcekleri altında titriyordu. Sıcaklık yükseliyor, onları meşeleri altında bunaltıyordu. Patrice kendini toprağa attı ve göğsü taşların üzerinde, yakıcı, güzel bir kokuyu içine çekti. Karnında çalışıyor duygusu uyandıran dağın boğuk atışlarını duyuyordu. Bunların tekdüzeliği, sıcak taşlarla yabanıl hoş kokular arasındaki böceklerin sağırlaştırıcı ezgisi, onu sonunda uyuttu.

Uyandığında ter içinde ve her yanı kırık döküktü. Saat üç olmalıydı. Çocuklar gözden yitmişti. Birazdan gülmeler ve çığlıklar, varlıklarını haber verdi. Sıcak azalmıştı. Aşağı inmek gerekiyordu. İlk kez o zaman, inişin ortasında, Mersault, bir baygınlık geçirdi. Kendine geldiğinde üç endişeli yüzün arasından masmavi denizi gördü. Daha yavaş indiler. Son yamaçlarda Mersault bir mola istedi. Deniz gökle birlikte yeşile dönüyor, ufuktan bütün bir tatlılık yükseliyordu. Chenoua'yı küçük koyun çevresinde sürdüren tepelerin üzerinde serviler ağır ağır kararıyordu. Tümü susuyordu. Bu arada Claire, "Yorgun bir havanız var," dedi.

"Kuşkusuz, küçük kız."

"Biliyorsunuz beni ilgilendirmez, ama bu bölgenin size hiçbir yararı yok. Denize çok yakın, çok nemli. Niçin Fransa'ya, dağda yaşamaya gitmiyorsunuz?"

"Bu bölgenin bana hiçbir yararı yok, Claire, ama mutluyum burada. Kendimi uyum içinde hissediyorum."

"Benim önerim de bütünüyle mutluluğunuz için, hem de daha uzun süreliğine."

"Daha uzun ya da kısa süre mutlu yaşanmaz. Mutlu olunur! Bir nokta! Ve ölüm de hiçbir şeyi engellemez – o da bir mutluluk kazasıdır bu durumda." Hepsi sustu.

"Aklıma yatmadı," dedi bu arada Rose, bir zaman sonra.

Çöken akşamın içine girdiler yavaş yavaş.

Catherine, Bernard'ı çağırma görevini üstüne aldı. Mersault odasındaydı, evin karolarının parlayan gölgesinin üstünden tırabzanın beyaz lekesini, koyu renkli, oynak bez bir kuşağa benzeyen denizi ve onun üstündeki daha açık, ama yıldızsız geceyi görüyordu. Kendini zayıf hissediyordu, yardımsever bir gizemle, zayıflığı onu hafifletiyor ve bilincini uyanık tutuyordu. Bernard kapıyı vurduğunda her şeyi ona söyleyeceğini hissetti. Hayır, gizi kendisine ağır geldiğinden değil. Bunda giz yoktu. Buraya kadar onu gizlediyse, önyargılar ve aptallıkla karşılaşacaklarını bildiği için, kimi ortamlarda düşüncelerini sakladığı içindi. Ama bugün, gövdesinin tüm yorgunluğu ve derin içtenliğiyle, bir sanatçının uzun sürede okşayıp oluşturduğu yapıtını bir gün, gün ışığına çıkarma ve onu sonunda insanlarla paylaşma gereksinimini duyması gibi Mersault da konuşmak zorunda olduğu duygusunu yaşıyordu. Ve bunu yapacağından emin olmaksızın, sabırsızlıkla Bernard'ı bekliyordu.

Aşağıdaki odalardan, kendisini de gülümseten iki diri gülüş yükseldi. O anda Bernard içeri girdi.

"Ne var," dedi.

"Ne olacak, işte," dedi Mersault.

Doktor, kulağını dayayıp dinledi. Bir şey diyemiyordu. Ama yapabilirse, Mersault, gidip bir film çektirse iyi olurdu.

"Daha sonra," dedi beriki.

Bernard sustu ve pencerenin pervazına oturdu.

"Hasta olmaktan hiç hoşlanmam, ben," dedi. "Bilirim ne olduğunu. Hiçbir şey hastalıktan daha çirkin, daha küçültücü değildir."

Mersault ilgisizdi. Koltuğundan kalktı, Bernard'a sigara sundu, kendisi de birini yaktı ve gülerek, "Size bir soru sorabilir miyim, Bernard," dedi.

"Evet."

"Ne deniz ne de güneş banyosu yapıyorsunuz, öyleyse bir köşeye çekilmek için niye burayı seçtiniz?"

"Ah, pek bilmiyorum. Üstünden çok zaman geçti."

Bir süre sonra ekledi:

"Hem sonra hep küskünlükle davrandım. Şimdi daha iyi. Önceleri mutlu olmak, yapılması gerekeni yapmak, sözgelimi, hoşuma gidecek bir ülkeye yerleşmek istiyordum. Ama duygulara öncelik tanıma hep yanlıştır. Öyleyse bize en kolay geldiği biçimde yaşamak gerekir – kendini zorlamadan. Biraz kinikçe. Ama dünyanın en güzel kızı karşısında da bu bakış açısıyla davranacaksın. Hindiçin'de her yere gittim. Burada yaşadıklarımı düşünüp duruyorum sessizce. Yalnızca bu."

"Evet," dedi Mersault, sigarasını tüttürmeyi sürdürerek, koltuğuna gömülmüş, tavana bakıyordu. "Ama her duygusal öncelemenin yanlış olduğundan emin değilim. O tür davranış saçmalıktır yalnızca. Her ne olursa olsun, beni ilgilendiren deneyler her şeyin umulduğu gibi bulunduğu deneylerdir."

Bernard gülümsedi.

"Evet, ısmarlama bir yazgı."

"Bir insanın yazgısı," dedi Mersault kımıldamaksızın, "eğer tutku ile birleşiyorsa, her zaman coşku vericidir. Ve kimileri için de coşku verici bir yaşam her zaman ısmarlama bir yaşamdır."

"Evet," dedi Bernard. Ve güçlükle kalktı, sırtını biraz Mersault'ya dönerek bir süre geceye baktı.

Ona bakmadan yeniden konuşmaya başladı.

"Siz benimle birlikte bu bölgede arkadaşsız yaşayan tek insansınız. Karınızdan ve dostlarınızdan söz etmiyorum. Onların birer yan olgu olduklarını iyi biliyorum. Buna karşın yaşamı benden daha çok seviyor gibi görünüyorsunuz." Döndü. "Çünkü benim için yaşamı sevmek deniz ve güneş banyosu yapmak değildir. Bu olsa olsa bunaltıcı ve dizginsiz biçimde yaşamaktır. Kadınlar, serüvenler, yeni ülkeler. Böyle davranmak bir şeyleri zorlamaktır. Ateşli ve görkemli bir yaşam... Sonunda, demek istiyorum ki... Anlayın beni..." (coşku duymaktan utanıyor gibiydi) "doğayla yetinmeyecek kadar çok seviyorum yaşamı."

Bernard göğüs dinleme aygıtını alıyor, çantasını kapatıyordu. Mersault ona, "Aslında siz bir ülkücüsünüz," dedi.

Her şey, doğumdan ölüme giden o an içine sığıyor, orada yargılanıyor ve kutsanıyor, duygusu içindeydi.

"Görüyor musunuz," dedi Bernard, bir tür hüzünle, "ülkücünün karşıtı çok zaman aşksız bir insandır."

"Buna inanmayın," dedi Mersault, ona elini uzatırken.

Bernard elini uzun uzun sıktı onun.

"Sizin gibi düşünmek için," dedi gülümseyerek, "insanın ya çok büyük bir umutsuzluk içinde yaşaması gerekir ya da çok büyük bir umut içinde."

"Belki de her ikisinde birden."

"Yoo, sorguluyor değilim!"

"Biliyorum," dedi Mersault ciddiyetle.

Ama Bernard kapıya varınca, içten gelen bir atılımın sürüklemesiyle, Mersault çağırdı onu.

"Evet," dedi doktor dönerek.

"İnsanları hor gördüğünüz olur mu?"

"Kimi zaman."

"Hangi durumlarda?"

Düşündü öbürü.

"Çok kolay gibime geliyor. Çıkarla, para isteğiyle davranılan bütün durumlarda."

"Gerçekten de basitlik bu," dedi Mersault. "İyi akşamlar Bernard."

"İyi akşamlar."

Yalnız kalınca Mersault, düşündü. Vardığı noktada bir insanın hor görülmesi onu ilgilendirmiyordu. Ama Bernard'da kendisini ona yaklaştıran derin titreşimler keşfediyordu. Kendisindeki bir yanın bir başka yanı yargılaması ona dayanılmaz geliyordu. Çıkarla mı davranmıştı? Temel ve ahlakdışı şu gerçekliğin bilincine varmıştı: Saygınlığını elde etmenin en emin ve en hızlı yollarından biri paradır. Haksız, değersiz şeyleri, güzel bir yazgının doğuşu ve gelişme koşulları olarak kabul edip iyi yaradılışlı her ruhu kaplayan acıyı kovmayı başarmıştı. Paraya parayla, nefrete nefretle karşı koyarak, yoksulların yoksulluk içinde yaşama başlayıp yine yoksulluk içinde bitirdikleri o iğrenç ve çileden çıkarıcı uğursuzluğu geri itmişti. Ve bu hayvanca savaştan, denizin ılık esintisinin etkisiyle, baştan başa kanatlarının ve görkeminin mutluluğu içinde, kimi zaman melek olarak çıkmıştı. Ne var ki Bernard'a hiçbir şey söylemeden duruyordu ve yapıtı bundan böyle gizli kalacaktı.

Ertesi gün öğleden sonra saat beşe doğru çocuklar gittiler. Otobüse binme anında Catherine denize doğru dönüp, "Görüşmek üzere, kumsal," dedi.

Bir süre sonra, üç gülen yüz camların ardından Mersault'ya bakıyor ve sarı otobüs, yaldızlı, şişman bir sinek gibi, ışık içinde gözden yitiyordu. Gök, duruluğuna karşın, boğucuydu biraz. Mersault, yol üzerinde yalnız, yüreğinin derinliklerinde, kurtuluş ve hüznün karışımı bir duygu hissediyordu. Yalnızlığı ancak bugün gerçek oluyordu, çünkü ancak bugün ona bağlandığını hissediyordu. Ve bunu kabul etmiş olmak, bundan böyle kendini gelecek günlerinin efendisi bilmek, içini, her yüceliğe yapışan karakaygıyla dolduruyordu.

Geniş yolu izleyeceğine, dağın eteğinden geçen ve evinin arkasına çıkan, keçiboynuzu ağaçlarıyla zeytin ağaçlarının arasındaki küçük, sapa yoldan geri döndü. Ayağıyla birkaç zeytin ezdi ve yolun tümüyle yuvarlak, siyah beneklerle kaplı olduğunu fark etti. Yazın sonunda, keçiboynuzu ağaçları, bütün Cezayir ülkesine bir aşk kokusu yayıyor ve akşam ya da yağmurdan sonra, toprak kendini bütünüyle güneşe verip acıbadem kokulu bir tohumla ıpıslak olmuş karnını dinlendiriyor gibiydi sanki. Bütün gün boyunca, ağır ve boğucu keçiboynuzu kokuları iniyordu büyük ağaçlardan. Koku, bu küçük yolda, akşamla ve toprağın yatışmış iç çekişiyle hafifliyor, Patrice' in burun deliklerine pek az ulaşıyordu – boğucu bütün bir öğle sonunun ardından kendisiyle sokağa çıkılan, ışıkların ve kalabalığın arasında, kol kolayken yüzünüze bakan bir metres gibi.

Bu aşk kokusunun ve onun ezilmiş, güzel kokulu meyvelerinin karşısında, Mersault, mevsimin sona ermekte olduğunu anladı. Büyük bir kış başlayacaktı. Ama onu bekleyecek olgunluktaydı. Bu yoldan deniz görülmüyordu, ama dağın doruğundaki akşamı haber veren, hafif ve kırmızımtırak sisler seçilebiliyordu. Işık lekeleri yerde, yaprakların gölgeleri arasında soluyordu. Mersault bu akşam toprakla düğününü kutsayan acı, hoş kokuyu şiddetle içine çekti. Zeytin ağaçlarıyla pelinler arasındaki yolda dünya üzerine çöken bu akşam, usul usul ıslık çalan denizin yanında, bağların ve kırmızı toprağın üzerindeki bu akşam, bir deniz kabarması gibi doluyordu içine. Buna benzer pek çok akşamı, umuttan fethe doğru katettiği yolun boyutunu gösteren bir mutluluğun söz verişi gibi yaşamıştı içinde. Bu yeşil gök ve bu aşkla ıslanmış toprağı, yüreğinin bütün suçsuzluğuyla Zagreus'u öldürmüş olduğu anın benzer tutku ve arzu sarsıntısıyla, yüreğinin suçsuzluğu içinde kabul ediyordu.

# Beşinci bölüm

Ocakta badem ağaçları çiçeklendi. Martta armut, şeftali ve elma ağaçları çiçeklere büründü. Ertesi ay pınarlar fark ettirmeden kabardı ve sonra olağan debiye döndü. Mayısın başında otlar biçildi, sonlarında yulaflar ve arpalar hasat edildi. Kayısılar şimdiden yazla kabarmıştı. Haziranda turfanda armutlar göründü yığın yığın. Pınarlar çoktan kuruyor ve sıcaklık artıyordu. Toprağın kanı, bu kıyıda kururken, başka yerlerde pamuklara çiçekler açtırıyor ve ilk üzümleri tatlandırıyordu. Yerleri kurutan ve her yerde biraz yangınlar tutuşturan büyük, yakıcı bir rüzgâr çıktı. Ve sonra yıl birden yeni mevsime döndü. Aceleyle bağbozumları sona erdi. Eylülden ekime, sağanaklar yüklü yağmur, yeri süpürdü. Onunla birlikte, yaz işleri biter bitmez, pınarlar birdenbire şişer ve sellerle taşarken, buğday tarlalarının ekim işleri başladı. Yıl sonunda buğday kimi yerlerde çoktan filizleniyordu, oysa kimi yerlerde topraklar daha yeni sürülüyordu. Daha sonra badem ağaçları soğuk ve mavi gökyüzünde yeniden beyazlığa büründü. Yerde ve gökte yeni bir yıl izlendi. Tütün dikilmiş, bağ sürülmüş ve kükürtlenmiş, ağaçlar aşılanmıştı. Aynı ay muşmulalar olgunlaştı. Yeniden ot biçimi, hasat ve yaz topraklarının sürülmesi. Yılın yarısında kocaman, sulu ve parmaklara yapışan meyveler, sofraları süslüyordu: iki harman sürümü arasında oburca yenen incirler, şeftaliler ve armutlar. Daha sonraki bağbozumlarında gök kapandı. Kuzeyden gelen sığırcıklarla ardıçkuşlarının siyah, sessiz sürüleri geçti. Onlar için zeytinler çoktan olgunlaşmıştı. Kuşların geçişlerinden az sonra zeytinler toplandı. Yapışkan toprakta ikinci kez buğday filizlendi. Yine kuzeyden gelen yoğun bulut sürüleri denizin ve toprağın üzerinden geçtiler, suyu köpüğüyle fırçaladılar, onu duru bir göğün altında açık seçik ve parlak bıraktılar. Günlerce, uzak ve sessiz şimşekler çaktı akşamın içinde. İlk soğuklar başladı.

O sırada Mersault ilk kez yatağa düştü. Satlıcan nöbetleri onu tutsak edip bir ay odada tuttu. Ayağa kalktığında, Chenoua'nın son yamaçları denize doğru inen çiçeklenmiş ağaçlarla kaplıydı. İlkbahar onu hiç bu kadar duyarlı bulmamıştı. Ve nekahetinin ilk gecesinde, üzerinde Tipasa'nın uyuduğu örenlerle dolu tepeye doğru uzun uzun yürüdü. Gece, göğün ipeksi gürültüleriyle dolu bir sessizliğin içinde, dünya üzerinde bir süt gibiydi. Mersault, bu gecenin derin düşüncesine dalmış, yalıyarın üzerinde yürüyordu. Deniz, biraz aşağıda hışırdıyordu usul usul. Ay ışığıyla dolu kadifemsi, sokulgan, parlak bir hayvan gibi görülüyordu. Yaşamının, ona onca uzak göründüğü bu saatte, tek başına, her şeye, hatta kendisine bile ilgisiz olan Mersault'ya, aradığına sonunda kavuşmuş ve içine dolan bu dirlik düzenlik, ardına düşüp kendisini öfkesiz yadsıyan bu sıcak dünyanın yardımıyla elde ettiği kendi kendini sabırlı bırakıştan doğmuş gibi geliyordu. Hafif hafif yürüyor ve adımlarının sesi, sakızağaçları ormanındaki hayvanların çıtırtıları, denizin vuruşları ya da göğün derinliğindeki gecenin atışları kadar, kendisine hem yabancı hem de kuşkusuz bildik geliyordu. Ve zaten gövdesini de, bu ilkbahar gecesinin sıcak esintisi, denizden yükselen tuz ve çürük kokusu gibi, aynı dışsal bilinçle hissediyordu. Dünyadaki koşuşturmalar, mutluluk gereksinimi, Zagreus'un beyin ve kemik dolu korkunç yarası, "Dünyanın Karşısındaki Ev"deki tatlı ölçülü saatler, karısı, umutları ve tanrıları, bütün bunlar önündeydi, ama geçerli nedeni olmaksızın, bütün ötekiler arasında yeğlenen, hem yabancı hem de gizlice tanış bir öykü, yüreğinin en derinini okşayan ve güçlendiren, ama bir başkasının yazdığı gözde bir kitap gibi. İlk kez bir serüven tutkusunun, bir güç isteğinin, dünyayla yakınlığının içten ve zekice eğiliminin gerçekliğinin dışında bir gerçeklik duymuyordu. Öfkesiz ve kinsizdi, pişmanlığı tanımıyordu. Ve çiçekbozuğu yüzünü parmaklarında hissettiği bir kayanın üzerine oturmuş, ayın ışığının altında sessizce kabaran denize bakıyordu. Lucienne'in, okşadığı o yüzünü ve dudaklarının ılıklığını düşünüyordu. Sudan oluşma yüzeyin üzerinde ay, bir sıvıyağ gibi, uzun, başıboş gülümsemeler resmediyordu. Su, bir ağız gibi ılık, yumuşak ve bir insanın altında gömülmeye hazır olmalıydı. Mersault sürekli oturarak, bir insan yaşamının umut ve umutsuzluğunun birlikte dokunduğu sessiz coşkuya dalmışken, mutluluğun gözyaşlarına çok yakın olduğunu hissetti. Bilinçli, ama yabancı tutkuyla erimiş ve ilgisiz olan Mersault, kendi yaşamının ve yazgısının sona ermekte olduğunu, bütün çabasının bundan böyle bu mutluluğu düzenlemek ve kendi korkunç gerçekliğini karşılamak olduğunu anlıyordu.

Şimdi sıcak denize dalması, kendini yeniden bulması için yitmesi, içinde geçmişten kalanları susturmak ve mutluluğun derin ezgisini ortaya çıkarmak üzere, ayda ve ılıklıkta yüzmesi gerekiyordu. Soyundu, birkaç kayayı indi, denize girdi. Deniz bir gövde gibi sıcaktı, kolları boyunca akıyor, kavranılamaz, ama sürekli var olan bir sarılmayla bacaklarına yapışıyordu. O, düzenli biçimde yüzüyor ve sırtındaki kasların, hareketinin ritmine uyduğunu hissediyordu. Kollarından birini her kaldırışında, uçsuz bucaksız denizin üzerine, dilsiz ve canlı göğün karşısında bir mutluluk hasadının görkemli ürünlerini andıran sayısız gümüş damlaları fırlatıyordu. Sonra kol yeniden dalıyor ve orada yeni bir dayanak, daha genç bir umut yakalamak için suları ikiye ayırarak, sert bir saban demiri gibi denizi yarıyordu. Ardında, ayaklarının vuruşuyla, yalnızlığın ve gecenin sessizliği içinde son derece açık seçik biçimde bir köpük kaynaması ve aynı anda da şıpırdayan bir su sesi ortaya çıkarıyordu. Uyumunu ve diriliğini hissedince bir coşkunlukla doluyor, daha hızlı yol alıyordu, biraz sonraysa kendini kıyılardan uzakta, gecenin ve dünyanın yüreğinde bir başına buldu. Birden, ayaklarının altında uzanan derinliği düşündü ve devinimini durdurdu. Altındaki her şey bilinmedik bir dünyanın yüzü, onu kendine döndüren bu gecenin uzaması, henüz açımlanmamış bir yaşamın su ve tuz dolu yüreği gibi çekiyordu Mersault'yu. Bir dürtü doğdu içinde ve büyük bir gövde sevinci içinde onu hemen geriye itti. Daha bir güçlü ve daha ileriye yüzdü. İyice yorgun düşünce kıyıya yöneldi. O sırada birdenbire buz gibi bir akıntıya girdi, dişlerini takırdatarak, uyumunu yitirmiş davranışlarla durmak zorunda kaldı. Denizin bu baskını şaşkına çevirmişti; bu buz, organlarına işliyor ve onu, kendisini güçsüz bırakan bilinçli ve tutkulu bir coşkunluğun tanrısının aşkı gibi yakıyordu. Güçlükle geriye döndü, kıyının üzerinde, gökle denizin karşısında dişleri birbirine çarpar ve mutlulukla gülerken giyindi.

Eve dönerken bir kırıklık duydu. Denizden villasına çıkan keçiyolundan, karşısına düşen kayalıklı burnu, sütunlarla örenlerin parlak gövdelerini görebiliyordu. Ve birden görünüm tersyüz oldu, kendisini bir kayaya yaslanmış, ezilmiş yaprakları kokular saçan bir sakızağacının üzerine yarı yarıya devrilmiş buldu. Villaya güçlükle ulaştı. Az önce kendisini sevincin en uç noktalarına götürmüş olan gövdesi, şimdi onu, karnından kavrayan ve gözlerini yumduran bir sıkıntının içine sokuyordu. Kendine çay yaptı. Ama suyu ısıtmak için kirli bir tencere almıştı ve çay mide bulandıracak derecede yağ içindeydi. Yine de yatmaya gitmeden önce içti onu. Ayakkabılarını çıkarırken, kanı çekilmiş ellerinde, pespembe, genişlemiş ve parmaklarının ucunu kaplayacak biçimde bükülmüş tırnakları dikkatini çekti. Hiçbir zaman, böyle, ellerini eğri büğrü ve sağlıksız gösteren tırnakları olmamıştı. Göğsünün bir mengenede sıkıldığını hissediyordu. Öksürdü ve ağzında bir kan tadı duyarken, alışageldiği gibi birçok kez tükürdü. Yatakta, uzun titremelere yakalandı. Titremelerin, gövdesinin en uzak noktalarından yükseldiğini ve ona ıslakmış gibi gelen örtülerin üzerinde dişleri takırdarken, iki buzlu su akıntısı gibi omuzlarının üzerinde birleştiğini hissediyordu. Ev ona geniş görünüyordu ve işittiği bildik sesler, çınlamalarına bir engel oluşturması gereken duvarla karşılaşmamışçasına, sonsuza dek genişliyordu. Bir su ve çakıltaşı yuvarlanması biçiminde denizi, kalın camların ardındaki gecenin atışını ve uzak çiftliklerdeki köpeklerin bağırtısını işitiyordu. Sıcakladı, örtüleri attı, sonra üşüdü ve geri topladı. İki acının arasındaki duraklamada, o uyuşuklukla, kendisini uykudan kurtaran o kaygıda, birden hasta olduğunun bilincine vardı. Yüreğinde bir kaygı duyumsadı; belki de bilinçsiz biçimde, önüne bakamadan ölecekti. Köyde kilise çanı çaldı, ama vuruşlarını sayamadı. Bir hasta gibi ölmek istemiyordu. Hiç olmazsa kendisi için hastalık çok zaman olduğu gibi, bir düşüş, ölüme varan bir geçiş olmasın istiyordu. Bilinçsizce istediği hâlâ, kan ve sağlık dolu yaşamının ölümle karşılaşmasıydı. Ölüm ile, şimdiden neredeyse ölümün kendisi olmuş birinin yüz yüze gelişi değil. Ayağa kalktı, güçlükle pencerenin kıyısına bir koltuk çekti ve örtülere sarınarak oturdu. İnce perdelerin, kıvrımların kumaşı kalınlaştırmadığı yerlerinden yıldızları görüyordu. Uzun uzun soluk aldı ve titreyen ellerini yatıştırmak için koltuğun kollarını sıktı. Duru bakışını yeniden elde etmek istiyordu. "Bitebilir," diye düşünüyordu. Aynı anda da mutfakta gazocağını yanık bıraktığını düşünüyordu. "Bitebilir," diye yineliyordu. Duru bakış, bu da uzun bir sabırdı. Her şey kazanılabilir, elde edilebilirdi. Koltuğun kollarına yumrukla vuruyordu. Güçlü, zayıf ya da istekli doğulmaz. Güçlü olunur, duru olunur. Yazgı insanın içinde değil, onun çevresindedir. Ağlamakta olduğunu fark etti o sırada. Tuhaf bir zayıflık, hastalıktan doğan bir tür korkaklık, onu çocukluğa, gözyaşlarına döndürüyordu. Elleri üşüyor, yüreğinde uçsuz bucaksız bir tiksinti duyuyordu. Tırnaklarını düşünüyordu, köprücükkemiğinin altındaki ona büyümüş gibi gelen bezeleri oynattı. Dışarıda dünya üzerine yayılmış bütün bir güzellik. Yaşama iştahını ve kıskançlığını bırakmak istemiyordu. Sirenlerin çalmasıyla birlikte fabrikalardan çıkan insanların gürültüsünün yeşil göğe doğru yükseldiği, o Cezayir akşamlarını düşünüyordu. Pelinlerin tadı, örenler ortasındaki yabanıl çiçekler ve sahildeki servilerle çevrili küçük evlerin yalnızlığı arasında, bir yaşam imgesi canlanıyordu; bu yaşam imgesinde, güzellik ve mutluluk yüzünü umutsuzluğa götürüyor ve Patrice orada bir tür kaçkın sonsuzluk buluyordu. Bunu bırakıp gitmek istemiyordu ve bu imge kendisi olmadan da sürebilecekti. Başkaldırı ve acıma içinde, o sırada Zagreus'un pencereye dönmüş yüzünü gördü. Uzun uzun öksürdü. Güçlükle soluyordu. Gece giysileri içinde boğuluyordu. Üşüyordu. Sıcaklıyordu. Bütün kanı büyük atılışlarla şakaklarında zonklarken, yumruklarını sıkmış, karanlık ve sonsuz bir öfkeyle yanıyor, boş bakışlarla, kendisini yeniden kör bir ateşin içine atacak olan yeni bir titremeyi bekliyordu. Titreme geldi ve onu nemli, kapalı bir dünyaya götürdü, orada gözleri kapandılar, susuzluk ve açlığına düşkün hayvanın başkaldırısını susturdular. Ama uyumadan önce perdelerin biraz gerisinde ağaran geceyi görecek, tanla, dünyanın uyanışıyla birlikte sonsuz bir sevecenlik ve umut çağrısını dinleyecek zamanı oldu. Bu çağrı onun ölüm yılgısını oluşturduğu gibi, aynı zamanda yaşama nedeni olan şeyde ölme nedeninin de bulunduğuna inandırıyordu onu.

Uyandığında gün çoktan ilerlemişti, bütün bir kuş ve böcek topluluğu, sıcaklığın içinde ötüşüyordu. O gün Lucienne'in geleceğini düşündü. Bitikti ve yatağına güçlükle ulaştı. Ağzında bir ateş tadı ve üzerinde hastaların gözünde nesneleri daha sert, varlıkları daha sıkıcı kılan o kırıklık vardı. Bernard'ı çağırttı. Hep suskun ve işi başından aşkın havalarda geldi, onun göğsünü dinledi, camları kurulamak üzere gözlüğünü çıkardı. "Kötü," dedi. İki iğne yaptı. İkincisi yapılırken biraz zayıf düşmüş olan Mersault bayıldı. Kendine geldiğinde, Bernard bir eliyle onun bileğini, öbürüyle de saatini tutuyor ve saniye ibresinin kesik kesik ilerleyişine bakıyordu. "Görüyorsunuz," dedi Bernard, "çeyrek saatlik bir bayılma. Kalbiniz direnemez oluyor. Yeni bir bayılmadan çıkamayabilirdiniz."

Mersault gözlerini kapattı. Bitkin düşmüştü, dudakları ağarmış ve kurumuş, soluğu hırıltılıydı.

"Bernard," dedi.

"Evet."

"Bir bayılma içinde tükenmek istemiyorum. Açıkça görmem gerekiyor, anlıyorsunuz ya."

"Evet," dedi Bernard ve ona birkaç ampul verdi. "Kendinizi güçsüz hissederseniz kırıp için. Adrenalindir."

Bernard çıkarken oraya gelmiş olan Lucienne'le karşılaştı.

"Her zamanki gibi çekicisiniz."
"Patrice hasta mı?"
"Evet."
"Ağır mı?"
"Hayır, çok iyi," dedi Bernard. Ayrılmadan önce de, "Doğrusu, benden öğüt isterseniz, onu olabildiğince yalnız bırakın," dedi.
"Aa," dedi Lucienne, "öyleyse önemli değil."
Bütün gün Mersault boğulur gibi oldu. Kendini yeni bir bayılmanın içine çeken soğuk, yapışkan boşluğu iki kez hissetti, iki kez adrenalin onu bu sıvı biçimdeki dalıştan kurtardı. Ve gün boyunca karanlık gözleri görkemli kırlara baktı. Saat dörde doğru deniz üzerinde kırmızı, büyük bir sandal göründü ve güneş, su, balık pullarıyla parlayarak, yavaş yavaş büyüdü. Pérez ayaktaydı, düzenli biçimde kürek çekiyordu. O sırada hızla gece oldu. Mersault gözlerini yumdu ve önceki günden bu yana ilk kez gülümsedi. Dişlerini gevşetmemişti. Bir süreden beri belli belirsiz bir kaygıyla odasında duran Lucienne, Mersault'nun üzerine atıldı ve onu öptü.
"Otur," dedi Mersault. "Kalabilirsin."
"Konuşma," dedi Lucienne, "seni yorar."
Bernard geldi, iğneler yaptı, gitti. Gökten büyük, kırmızı bulutlar geçiyordu usul usul.
"Çocukluğumda," dedi Mersault güçlükle, "yastığına gömülmüş ve gözleri gökyüzünde, annem bunların, ölülerin cennete yükselen ruhları olduğunu söylerdi bana. Kırmızı bir ruha sahip olmak şaşkınlığa düşürürdü beni. Şimdi bunun, çok zaman bir rüzgâr belirtisi olduğunu biliyorum. Ama bu da şaşırtıcı."
Gece başladı. İmgeler üşüşüyordu. Çöl görünümlerinin üzerinde başlarını sallayan büyük, düşsel hayvanlar. Mersault ateşinin derinlerinden onları usulca uzaklaştırıyordu. Yalnızca kanlı kardeşliği içindeki Zagreus'

un yüzünün gelmesine izin veriyordu. Öldüren ölecekti. Ve o zaman Zagreus için olduğu gibi, kendi yaşamı üzerine yöneltti̇ği bakışı da bir erkeğin bakışıydı. Buraya kadar yaşamıştı. Şimdi yaşamından söz edebilirdi. Bir zaman kendisi için önde gelen o büyük, çökertici atılımdan, yaşamın kaçkın ve yaratıcı şiirinden, şimdi artık yalnızca şiirin karşıtı olan kırışıksız bir gerçek kalıyordu. Bu yaşama birlikte başlamışlar gibi içinde taşıdığı insanlardan, kökleri birbirine girmiş, ama karışmamış çeşitli varlıklardan kendisinin hangisi olduğunu biliyordu şimdi: Yazgının insanda yarattığı bu seçimi bilinçlilik ve yüreklilikle yapmıştı. Onun bütün yaşama ve ölme mutluluğu buradan kaynaklanıyordu. Bir hayvan çılgınlığıyla baktığı bu ölümden duyduğu korkunun yaşamdan korkmak anlamına geldiğini anlıyordu. Ölme korkusu, insanın içindeki yaşayan şeye olan sınırsız bağlanmayı açıklıyordu. Yaşamlarını yükseltmek için kararlı davranışlarda bulunmamış olanlar, korkanlar ve güçsüzlüğü yüceltenler, bütün bunlar, ölümden, içine karışmadıkları bir yaşama onun getirdiği yaptırımdan dolayı korkuyorlardı. Hiçbir zaman yaşamadıkları için yeterince yaşamamışlardı. Ve ölüm, boş yere susuzluğunu gidermeye çalışan bir yolcuyu, sonsuzluğa dek sudan yoksun bırakma davranışı gibiydi. Ama ötekiler için, silen, yadsıyan, başkaldırıya olduğu kadar minnete de gülümseyen hoş ve kaçınılmaz davranıştı. Yatağına oturarak, kolları gece masasında ve başı kollarının üzerinde bir gece ve bir gündüz geçirdi. Yatınca soluk alamıyordu. Lucienne bir o yanına, bir bu yanına oturarak ve tek sözcük söylemeden onu gözetliyordu. Mersault ona bakıyordu kimi zaman. Kendisinden sonra onun gövdesine ilk sahip olacak kişinin onu dinginliğe kavuşturacağını düşünüyordu. Göğsünü büsbütün sunacaktı, kendisine daha önce sunduğu gibi ve dünya onun yarı açık dudaklarının ılıklığında sürüp gidecekti. Kimi kez başını kaldırıyor, pencereden dışarı bakıyordu Mersault. Tıraş olmamıştı, çepeçevre kızarmış ve iyice çökmüş gözleri, karanlık parıltısını yitirmişti ve mavimsi sakalın altında çukurlaşmış, solmuş yanakları, onu büsbütün değiştiriyordu.

Hasta kedi bakışı, camlar üzerine konuyordu. Soluk alıyor, Lucienne'e dönüyordu. Gülümsüyordu o zaman. Ve her yana kayan, gevşeyen bu yüzdeki bu sert ve duru gülümseme, yeni bir güç, canlı bir ciddiyet ortaya koyuyordu.

"İyi misin?" diyordu Lucienne, kısık sesiyle.

"Evet." O sırada kollarıyla geceye dönüyordu. Gücünün ve direncinin son sınırında, ilk kez ve içinden, başlangıçta gülümsemesi kendisini son derece kızdırmış olan Roland Zagreus'la birleşiyordu. Kısa ve hızlanmış soluğu, gece masasının mermeri üzerine nemli bir buğu bırakıyor, bu buğu kendi sıcaklığını Mersault'ya geri yolluyordu. Ve kendisine doğru yükselen bu sağlıksız ılıklıkta, buz kesen el ve ayak parmaklarının uçlarını daha iyi hissediyordu. Bu bir yaşamı açıklıyordu ve soğuktan sıcağa uzanan bu yolculukta, "yanmasına hâlâ izin verdiği için yaşama" teşekkür eden Zagreus'u saran coşkuyu buluyordu. Kendisini çok uzak hissettiği bu adama şiddetli ve kardeşçe bir sevgi duyuyor ve onu öldürmekle, sonsuza dek ikisini birbirine bağlayan düğümü onunla birlikte sona erdirdiğini anlıyordu. İçinde yaşam ve ölüm karışımı bir istek gibi duran bu ağır gözyaşı oluşumu da ortaktı onlar için, anlıyordu. Ve Zagreus'un ölüm karşısındaki kıpırtısızlığında, kendi yaşamının gizli ve sert imgesini buluyordu. Ateş ve ateşle birlikte, sonuna dek bilinçli kalacağının, gözleri açık öleceğinin coşku verici inancı, ona bu konuda yardım ediyordu. Zagreus'un da gözleri açıktı o gün ve gözyaşları akıyordu. Ama bu, yaşamından payını almamış olan bir adamın son zayıflığıydı. Patrice bu zayıflıktan korkmuyordu. Gövdesinin sınırlarından hep birkaç santimetre ötede duran ateşli kanının atışları içinde, kendisinde bu zayıflığın baş göstermeyeceğini anlıyordu. Çünkü rolünün gereğini yerine getirmiş, insanın yalnızca mutlu olmak olan tek görevini tamamlamıştı. Uzun zaman değil elbette. Ama zaman olaylara hiçbir şey yapmaz. Yalnız bir engel olabilir, bu durumda, artık o da önemli değildir. Mersault engeli yıkmıştı ve bu içinde oluşturduğu içsel kardeşlik, iki ya da yirmi yıllık olmuş, pek önemli değildi. Mutluluk, onun olduğu durumdu.

Lucienne ayağa kalktı ve kaymış olan örtüyü Mersault'nun omuzlarına yeniden örttü. Mersault bu davranışın etkisiyle titredi. Zagreus'un villasının yanındaki küçük alanda öksürdüğü o günden bu saate dek, gövdesi, kendisinin bütün etkinliklerini titizlikle yürütmüş, onu dünyaya açmıştı. Ama aynı zamanda, simgesi olduğu insandan ayrı olarak, kendine özgü bir yaşamı da sürdürmüştü. Bu birkaç yıl içinde usul bir çözülmeyi izlemişti. Şimdi eğri çizgisini tamamlamış ve Mersault'dan ayrılmaya, onu dünyaya geri vermeye hazırlanıyordu. Mersault'nun bilincine vardığı bu apansız titremede, daha önce kendilerine onca sevinç sağlamış olan suç ortaklığını işaret ediyordu bir kez daha. Yalnızca bu noktadan hareketle Mersault bu titremeyi bir sevinç olarak kabul ediyordu. Bilinçli olma, oyunsuz, korkusuz – teke tek –'gövdesiyle baş başa – gözlerini ölümün üzerine açma gerekliliğidir bu. Erkekçe bir sorun söz konusuydu. Ne bir aşk ne bir çevre, hiçbir şey, ama Mersault'nun son kozlarını oynadığı sonsuz bir yalnızlık ve mutluluk çölü. Soluğunun zayıfladığını hissediyordu. Bir yudum hava çekti içine ve bu davranışıyla göğsünün bütün organları uğuldadılar. Baldırlarının çok üşüdüğünü ve ellerinin duyarsızlaştığını hissediyordu. Tan ağarıyordu.

Uç veren sabah, kuşlar ve serinlikle doldu. Güneş hızla doğdu, bir sıçramayla ufkun üzerine çıktı. Toprak, altın ve sıcakla donandı. Sabahın içindeki gök ve deniz, sıçrayan büyük beneklerle, mavi ve sarı ışıklara bulandı. Hafif bir rüzgâr çıkmıştı, tuz tadında bir hava pencereden Mersault'nun ellerini serinletmeye geliyordu. Öğleyin rüzgâr kesildi, gün, olgun bir meyve gibi çatladı ve cırcırböceklerinin birden başlayan konseri eşliğinde bütün yeryüzüne ılık ve soluk kesici özsuları akıttı. Deniz, bir sıvıyağa benzeyen bu yaldızlı özsu ile kaplandı; güneşin çatlattığı toprağa, onu açan ve pelin, biberiye, sıcak taş kokuları yükselten sıcak bir esinti yolladı. Mersault yattığı yerden bu sarsıntıyı ve bu armağanı aldı ve gözlerini, pırıl pırıl tanrıların gülümseyişleriyle dolmuş, uçsuz bucaksız, kavisli denizin üzerine açtı. Yatağın üzerinde oturduğunu ve Lucienne'in yüzünün kendisininkinin çok yakınında olduğunu fark etti birden. İçinde, karnında başlayıp boğazına doğru usul usul yol alan çakıltaşı gibi bir şey yükseliyordu. Mersault, geçişlerden yararlanarak, gittikçe daha hızlı soluk alıyordu. İçindeki yükseliyordu sürekli. Lucienne'e baktı. Rahatça gülümsedi; bu gülümseme de içinden geliyordu. Kendini yatağına attı, içindeki usul yükselişi duydu. Lucienne'in dolgun dudaklarına ve onun ardındaki toprağın gülümseyişine baktı. Onlara aynı bakış ve aynı arzuyla bakıyordu.

"Bir dakika, bir saniye sonra," diye düşündü. Yükselme durdu. Ve taşlar arasında bir taş olarak, yüreğinin sevinci içinde, devinimsiz dünyaların gerçekliğine dönüştü.